생활
수행 이야기

불광출판사

생활 수행 이야기

2001년 2월 7일 초판 1쇄 발행
2024년 11월 15일 초판 18쇄 발행

지은이 법상
발행인 박상근(至弘) • 편집인 류지호 • 편집이사 양동민
편집 김재호, 양민호, 김소영, 최호승, 하다해, 정유리 • 제작 김명환
마케팅 김대현, 이선호, 류지수 • 관리 윤정안
콘텐츠국 유권준, 김대우, 김희준
펴낸 곳 불광출판사 (03169) 서울시 종로구 사직로10길 17 인왕빌딩 301호
 대표전화 02) 420-3200 편집부 02) 420-3300 팩시밀리 02) 420-3400
 출판등록 제300-2009-130호(1979. 10. 10.)

ISBN 89-7479-853-0 (02220)

값 9,000원

잘못된 책은 구입하신 서점에서 바꾸어 드립니다.
독자의 의견을 기다립니다. www.bulkwang.co.kr
불광출판사는 (주)불광미디어의 단행본 브랜드입니다.

| 책 머 리 에 |

실천하는 생활 수행자들에게

 불교를 믿고 수행한다는 말은 내가 조금씩 행복해지고 있다는 것을 의미한다고 생각합니다. 불교를 공부하는 사람은 공부하는 만큼 행복해지고, 당당해지고, 자유로워질 수 있어야 합니다. 조금씩 내 삶과 이 우주의 주인이 될 수 있어야 하며, 나를 변화시키고 환경을 변화시킬 수 있어야 합니다. 삶과 동떨어진 것은 진정 수행이 아닙니다. 나의 삶을 변화시킬 수 없는 것은 수행이 아닙니다. 그간의 불교를 생각해 보면, 불교라는 종교가 생활 속에서 얼마나 많은 이들에게 삶을 변화시키는 역동적인 힘을 불어넣어 주었는가 하는 질문 앞에서 그리 흡족한 대답을 할 수는 없었을 것이라 생각합니다.
 불교는 이제 더 이상 보수적이고 구시대적인 교화방법의 안일함을 탈피하여, 지친 현대사회 속에서 사회가 가지고 있는 문제를 구체적으로 풀어주고, 개개인의 생활 속에 마음 닦는 수행을 실천하도록 교화하여 살맛 나는 인생의 길을 제시해 줄 수 있는 생동하는 가르침이 되어야 합니다. 가르침이 생활 속에서 항상 실천되어질 수 있고, 삶의 어떠한 경계라도 녹여 줄 수 있는 생활과 함께하는 불교, 살아 움직이는 불교가 되어야 합니다.

  죽은 수행은 진정 우릴 살릴 수 없습니다. 살아 움직이는 생명력으로 무소의 뿔처럼 내 삶의 터전! 일터를, 직장을, 학교를, 사회를 누비는 살아 숨쉬는 실천적 구도심이 진정으로 필요한 때입니다. 말만 앞서는 수행자는 진정 참 진리의 기쁨을 맛볼 수 없습니다. 실천이 없는 수행은 이미 수행일 수 없습니다. 백 번 보고 읽는 것이 한 번 행하는 것만 못한 것입니다. 자신의 하루하루 생활 속에서 자기의 몸, 자기의 마음으로의 체험을 하지 않으면 신심은 이내 퇴전하기 쉽습니다.

  금강과 같은 매몰찬 신심은 실천을 통해 일어나는 법입니다. 부처님 말씀이나 역대 조사스님의 말씀을 인용하여 수백 번을 '이것이 불교다. 이것이 수행이다' 한다고 해도 그것은 내 이야기일 수 없습니다. 내면에서 나오는 우렁찬 사자후가 될 수는 없습니다. '내 이야기'가 되기 위해서는 실천과 체험이 우선되지 않고서는 불가능합니다. 실천이 따르지 않는 말에는 힘이 없기 때문입니다. 내 안에서 나오는 내면의 우렁찬 음성, 당당한 사자후가 진정으로 필요한 때입니다. 마음 가운데서 직접 '실천'하는 것이

듣고 말하기보다, 글을 읽기보다 더 쉽습니다. 말에는 왜곡이 따르고 오해가 따르며 사람마다의 그릇에 따라 천차만별의 해석이 따라다닙니다. 그러나 실천은 실질적이고 체험적이기에 번잡하지 않습니다. 말에 이끌리고 시비를 논할 필요조차 없습니다. 이와 같은 생활 속에서의 당차고 거침없는 실천 수행만이 참으로 우리를 밝게 이끌어 줄 수 있을 것입니다.

이제 불법은 누구나 진리와 하나되어 더덩실 춤이라도 출 수 있고, 모두가 행복으로 나아갈 수 있도록 하는 중요한 역할을 해야 합니다. 스님들에게만, 법사며 포교사들에게만, 그리고 불교대학을 나온 혜택 받은 불자들에게만 주어지는 진리가 되어서는 안 됩니다.

새벽을 여는 청소부의 마음 속에, 거리를 헤매는 노숙자의 방황 속에, 부도난 중년 중소기업 사장의 불안한 마음 속에, 대학 입시 속에서 괴로워하는 수험생이며 그를 조바심으로 지켜보는 부모님의 안타까운 마음 속에, 나아가 잘못된 세상을 바꾸고자, 혹은 명예와 권력을 얻고자 뛰어다니는 정치가, 경영인들의 신념 속에, 인생을 포기라도 한 듯 축 처져 있는 도둑, 사기꾼들의 차가운 마음 속에, 철창 속에 갇혀 있는 재소자들이며 전방의 추운 겨울 철책선에서 나라를 지키고 있는 군인들의 마음 속에… 이 모든 이들의 마음 속에 깊숙이 파고들어 진리의 감로를 맑게 흩뿌릴 수 있는 생동하는 감동어린 가르침이 되어야 합니다.

삶의 대 전환을 위하여….

애초 본 원고들은 법당에서 매주 일요 법회 때에 나누어 주던 '인연 나누기'라는 주간 법보에 실려있던 '나를 찾아 떠나는 불교여행'이라는 설법의 내용들입니다. 그러다가 보다 많은 이들에게 회향되기를 바라는 마음으로 『http://daum.net』의 종교 칼럼(column)에 일주일에 한 편씩 글을 올리게 되었습니다. 이것이 계기가 되어 매주 칼럼의 글을 읽고 실천하는 독자들이 늘어남에 따라 독자 법우님들을 중심으로 '선재결사'라는 사이버 생활 수행결사를 시작하게 되었습니다.

사이버 수행결사란 3·7일(3주) 동안 각자가 처한 일터에서, 생활 속에서 자신에게 맞는 생활 수행을 하고 마지막 회향 날 절에 모여 '밝은 모임'이라는 수행 점검시간을 가지는 철저한 생활 실천 수행의 사이버 모임입니다. 3·7일 동안 자신 스스로 정한 '하루 일과 수행'과 도반들의 공동 수행문인 '생활 수행문'을 가지고 수행을 하고 자신의 일터에서의 각종의 경계들을 수행의 재료로 삼아 마음을 닦아가는 것입니다. 매일 매일 자신의 수행 내용들을 저녁이 되면 사이버 도량에 와서 '수행일기'를 씀으로써 모든 법우님들과 함께 나누고, 3·7일에 한 번 회향 날 있는 '밝은 모임'에서는 그동안의 수행을 도반들과 함께 이야기하고, 다른 도반들의 수행 이야기를 경청하며, 힘겨운 일은 함께 풀어가고 수행으로 녹여 나가는 밝은 수행 점검의 장입니다.

사이버 상이다 보니 물론 이런 일련의 수행 모임이 모든 독자들이 참여하지는 못하더라도 생활 수행의 마음을 일으킨 몇몇 법우님들께서 함께 참여하여 지금까지도 3주에 한 번씩 '밝은 모임'을 가지고 있으며, 함께 하는 법우님들의 삶을 조금씩 맑고 향기롭게 바꾸어 가고 있습니다. 또한 이런 일련의 사이버 수행 모임을 좀 더 많은 법우님들과 함께 나누기 위해 금년 1월 2일(음력 12월 8일) 성도절을 기해 '사이버 생활 수행 도량 목탁소리(http://moktaksori.com)'라는 홈페이지를 개설하게 되어, 보다 많은 법우님들이 함께 공부할 수 있는 수행의 장을 활짝 열어두었습니다.

  이 책은 그 동안 'http://moktaksori.com'과 'http://column.daum.net/buddhastory'에서만 볼 수 있었던 실천 수행에 대한 설법 칼럼들을 모아 보다 많은 법우님들께서 수행하시는 네에 직게나마 도움을 줄 수 있을까 하는 마음으로 발간하게 된 것입니다. 이 책은 생활 속에서 불교를 실천하고자 마음을 일으켜 심출가(心出家)한 생활 수행자들에게 작은 수행지침서가 될 수 있길 바라는 마음에서 엮어진 것입니다. 생활 속에서 수행을 통해 나를 변화시키고 주위를 변화시키고자 크게 한마음 일으킨 그런 밝은 생활 수행자들에게 이 책이 작은 도움이라도 줄 수 있길 바랍니다. 혹 저의 좁은 수행과 소견으로 부처님의 밝은 깨침의 세계를 잘못 전달하지는 않았을까 하는 걱정이 앞서지만, 부족하면 부족한 대로 투박하면 투박한 그대로 모든 생활 수행자님들께 그리고 법신 편만한 시방의 모든 부처님께 이 책을 삼가 바쳐 올리고자 합니다.

책을 내면서 많은 생각들이 오고갔습니다. 참으로 감사한 분들의 향기가 가만히 전해집니다. 우선 어리석은 나를 흔들어 뿌리 깊은 아상(我相)을 깨우쳐 주신 나의 은사스님 불심도문 큰스님께 깊은 존경과 감사로 삼배의 예를 올립니다. 그리고 그 동안 나의 공부에 많은 도움을 주신 대성사 대중 스님네들이며, 함께 열악한 군포교를 위해 동분서주 정진하고 계시는 수많은 군승 법사님들, 서투른 법문 신심 있게 들어주신 우리 호원사 신도님들, 무엇보다도 서투른 글들을 밝은 보리심 내어 열심히 읽고 실천하고자 마음 내 주신 사이버 도량의 많은 법우님들께도 맑은 감사의 마음을 전합니다.

끝으로 목탁소리닷컴 홈페이지 사이버 불사를 도맡아 주시고, 이 책을 발간하는 데 깊은 관심과 도움을 주신 홍성덕 포교사님과 용정운, 신민경 법우님, 불광출판부 임직원들과 인연 닿는 모든 분들께도 감사를 드립니다.

불기 2545년 1월 2일 성도절 아침
http://moktaksori.com
호원사 법상(法相) 합장

| 차례 |

책머리에

마음 닦는 생활 수행

방하착(放下着)	15
방하착 염불 수행	20
하루일과 생활 수행	26
'예' 하는 밝은 마음	31
순간 순간 깨어 있기	35
욕망이 아닌 필요에 의한 삶	41
수행자의 발원은 세상을 바꾼다	46
구나·겠지·감사 생활 수행	51
108배, 절을 하는 의미	55
몸뚱이 착(着) 다스리기	60
새벽에 깨어 있으라	65
느낌 닦기	68
단지 '바라볼 뿐'이다	76

내가 변하면 세계가 변한다

내가 변하면 세계가 변한다	83
은혜 속에 살려지는 삶	86
'복 짓기'와 '복 받기'	89

보시(布施)하는 아름다움 ——— 92
마음 돌리기 ——— 95
남을 위한 기도 ——— 100
세상 모든 것은 안의 문제다 ——— 103
자족(自足)하는 삶 ——— 106
마음을 일으키면 법계가 움직인다 — 109
연기(緣起)의 생활 실천 ——— 115
느낌 나누기 ——— 119
자연과 나는 '하나'입니다 ——— 123
자기 한정과 무한능력의 주인공 ——— 127

무소의 뿔처럼 혼자서 가라

무소의 뿔처럼 혼자서 가라 ——— 135
마음의 두 가지 종류 ——— 138
명상에서 오는 확연한 해답 ——— 142
연극의 주인공처럼 ——— 145
저질러라. 표현이 성불의 지름길이다 — 149
이래도 좋고 저래도 좋은 법 ——— 153
일체를 다 받아들여라 ——— 157
고백도를 높여라 ——— 161
버릴 것도 없고 잡을 것도 없다 ——— 165

죽음 앞에 당당하라 ——— 169
크게 포기하라 ——— 172
오직 정도(正道)로만 가게 하소서 —— 178
맑은 대인관계를 위한 조언 ——— 183

역경(逆境)을 통하여 부처를 이루라

병고로써 양약을 삼으라 ——— 191
근심과 곤란으로 세상을 살아가라 — 194
장애 속에서 깨침을 얻으라 ——— 199
마장을 벗삼아 정진하라 ——— 203
어렵게 일을 성취하라 ——— 207
순결로써 벗을 사귀어라 ——— 211
뜻에 거스르는 사람을 가까이 하라 — 215
베풀려거든 과보를 바라지 말라 ——— 220
적은 이익으로 부자가 되라 ——— 223
억울함을 밝히려 하지 말라 ——— 226
역경을 통하여 부처를 이루라 ——— 231

사이버 수행모임 소개

마음 닦는
생활 수행

방하착(放下着)

방하착 염불 수행

하루일과 생활 수행

'예' 하는 밝은 마음

순간 순간 깨어 있기

욕망이 아닌 필요에 의한 삶

수행자의 발원은 세상을 바꾼다

구나 · 겠지 · 감사 생활 수행

108배, 절을 하는 의미

몸뚱이 착(着) 다스리기

새벽에 깨어 있으라

느낌 닦기

단지 '바라볼 뿐' 이다

방하착(放下着)

 처음 우리가 이 세상에 왔을 때 그리고 마지막 우리가 이 세상을 떠날 때 우린 빈손으로 왔으며 빈손으로 가야 한다는 것을 잘 압니다. 그러나 우린 대부분 태어남에서부터 죽음에 이르기까지 끊임없이 본래로 비었던 손을 가득 채우는 데에만 급급해 하며 세상을 살아갑니다. 우리네 인생의 목표가 어쩌면 그렇게 채우는 일일 터입니다. 한없이 내 것을 늘려 나가는 끊임없이 닥치는 대로 붙잡는 일일 터입니다.

 돈을 붙잡으려 발버둥치고, 명예를, 지위를, 권력을, 지식을, 이성을, 학력과 배경을, 그렇듯 유형무형의 모든 것들을 무한히 붙잡으며 이 한 세상 아등바등 살아갑니다. 그것이 우리네 삶의 모습입니다. 무한히 붙잡는 삶, 붙잡음으로 인해 행복을 얻고자 하는 삶, 그러나 아이러니하게도 우리가 그렇게 추구하고 갈구하려고 하는 '잡음!' 그 속에서 우리가 그렇게 버리고자 갈망하는 고(苦), 괴로움! 괴로움이 시작됨을 알아야 할 것입니다.

 붙잡고자 하지만 잡히지 않을 때 괴로움은 우리 앞을 큰 힘으로 가로막게 될 것입니다. 이미 잡고 있던 것을 잃어버릴 때 우린 괴로움과 한바탕 전쟁이라도 버려야 할 듯합니다. 그것이 돈이든, 명예든, 지식이든, 그 무엇이든 우리의 욕망을 가득 채워 줄 만큼 무한히 잡을 수 있는 것은 이 세상 어디에도 없다는 것을 우린 너무도 모르고 있는 듯합니다.

'잡음'으로 인해 행복하고자 한다면 그 행복은 절대 이룰 수 없음이 진리의 참모습입니다. 인연 따라 잠시 나에게 온 것뿐이지 그 어디에도 내 것이란 것은 있지 않습니다. 그러나 우리들은 인연 따라 잠시 온 것을 '내 것'이라 하여 꽉 붙잡고 놓지 않으려 합니다. 바로 '내 것'이라고 꽉 붙잡으려는 그 속에서, 그 아상(我相) 속에서 괴로움은 시작됩니다. '내 것'을 늘림으로 인해서는, '잡음'으로 인해서는 결코 행복이며 자유, 진리를 구할 수 없습니다. 도리어 그 동안 내가 얻고자 했던, 붙잡고자 했던 그것을 놓음(放下着)으로써 행복을 얻을 수 있습니다.

무소유가 전체를 소유하는 것이라 했습니다. 놓음이 전체를 붙잡는 것입니다. 크게 놓아야 크게 잡을 수 있습니다. '나' '내것'이라는 울타리를 놓아버려야 진정 내면의 밝은 '참나'가 드러나게 될 것입니다. 놓음… 방하착(放下着)은 지금까지 내가 살아왔던 삶과 어쩌면 정면으로 배치되는 삶이기에 힘들고 어려운 듯 느껴집니다. 그렇게 선입견을 녹이기는 어려워 보입니다. 그러나 방하착(放下着)!! 그 속에 불교 수행의 모든 체계가 고스란히 녹아 있습니다. 부처님 가르침이 모두 들어 있습니다.

방(放)은 '놓는다'는 뜻이며 착(着)은 '집착, 걸림'을 의미합니다. 즉 본래 공(空)한 이치를 알지 못하고 온갖 것들에 걸려 집착하는 것을 놓아야 한다는 말입니다. 특히 무아(無我)의 이치를 알지 못하고 '나' '내 것'에만 끄달려 이를 붙잡으려하는 어리석은 아집(我執)을 놓아야 한다는 말입니다. 하(下)라는 것은 '아래'라는 의미이지만 그 아래는 모든 존재의 가장 깊은 곳, 그 아래에 있는 뿌리와도 같은 우리의 참 불성(佛性), 한마음, 본래면목, 주인공, 참나를 의미하는 것입니다. 일체 모든 끄달림, 걸림, 집착을 용광로와 같은 한마음 내 안의 참나의 자리에 몰록 놓으라는 것입니다.

방하착, 방하착 하니 많은 이들이 의심을 가집니다. 다 놓고 나면 어떻게 하지, 아무 것도 하지 말고 그저 돌처럼 바위처럼 가만히 있어야 하느냐 하고 말입니다. 그러나 방하착(着)이란 착심(着心)을 놓으라는 것이지 아무 것도 하지 말고 그저 멍 하니 바보처럼 세상을 소극적으로 살아가라는 말이 아닙니다. 집착하는 마음을 놓으라는 것입니다.

금강경에 '응무소주(應無所住) 이생기심(而生其心)'이라 하였습니다. 마땅히 마음을 내되 머무름 없이 마음을 내라는 말입니다.

마땅히 적극적으로 세상을 살아갈 일입니다. 순간 순간 최선을 다해 부지런히 게으르지 말고 살아갈 일입니다.

다만 마음을 한 쪽으로 머물러 착(着)을 두어선 안 됩니다. 게으르게 사는 것은 복을 까먹는 일일 뿐입니다. 적극적으로 복을 짓고 순간 순간 늘 깨어 있어야 합니다. 그 밝은 깨침의 마음으로 늘 순간의 최선을 다해야 합니다. 돈을 벌지 말라는 것이 아닙니다. 벌되 돈에 대한 '집착'으로 벌지 말라는 것입니다. 돈 그 자체에 마음이 머물면 많이 벌게 될 때 즐거울 수 있지만 돈을 벌지 못하게 되면 괴로움을 느끼게 됩니다. 그러나 돈에 대한 집착을 놓으면 많이 벌어야 한다는 집착을 놓았기에 적게 벌어도 여여하며 많은 돈을 벌었어도 다른 이를 위해 보시할 때 아깝다는 마음 없이 무주상보시를 할 수 있게 됩니다. 돈에 대해 집착이 없으니 돈에 머물지 않는 무주상보시가 되는 것입니다.

사랑을 하지 말라는 말이 아닙니다. 사랑을 해야지 '집착'이 되어선 안 된다는 말입니다. 그 사람을 위해 사랑을 하게 되면 사랑이 떠나가더라도 그 사람이 잘 된다면 좋은 일입니다. 그러나 사랑이 아닌 '집착'이라면 나와 함께 해서 괴롭더라도 붙잡고 싶어합니다. 사랑하는 사람이 떠나갔다는 이유로 그를 증오하고 괴롭히며 심지어 죽이기까지 하는 오늘날의 현실을 가만히 살펴봅니다. 그것은 진정한 사랑이 아니라 '집착'일 뿐입니다. '내 여자' '내 남자'라고 하는 또 다른 아상일 뿐입니다. 상대방이 '내 것'이라는 생각, 나 좋은 대로 되어야 한다는 생각이 만들어낸 '아집(我執)'이 되는 것입니다. 그렇기 때문에 사랑에 대한 집착을 버리고 맑고 순수하게 사랑하라는 것입니다. 함이 없이 하라는 도리인 것입니다.

 이렇듯 집착을 놓아버리는 일이야말로 끊임없이 계속되는 욕망의 사슬을 끊어버릴 수 있습니다. 괴로움의 연장인 윤회의 수레바퀴에서 벗어날 수 있습니다. 순간 순간 올라오는 경계를 그저 주인공, 불성, 한마음, 본래면목, 참나라고 하는 그 지고함 속에 넣고 녹이는 것입니다. 내 안에서 녹이는 것입니다. 일체의 모든 경계를 이렇듯 내 안에 밝은 자리에 놓고 나아가는 것입니다.

 방하착… 놓고 가는 이는 아름답습니다. 언제나 떳떳하고 당당합니다. 그 어디에도 걸림이 없으며 어디에도 집착함이 없기에 어떤 상황이 닥치더라도 항상 여여(如如)합니다. 함이 없이 늘 묵묵히 일을 해 나갑니다. 이렇듯 함이 없이 해야 합니다.

 일을 하며 '내가 한다'는 생각이 끼어 들면 위험합니다. 그렇기에 그 마음 '내가 한다'고 하는 그 아상, 아집을 놓고 가는 것입니다. 방하착엔 내가 한다는 마음이 없기에 설령 괴로운 경계가 닥치더라도 괴로움의 주체가 없기에 하나도 괴로울 게 없습니다. 내가 괴로워야 하는데 아상을 놓았으니 괴롭지 않은 것입니다. 아니 괴로울 것이 없는 것입니다. 다만 '괴로움'이란 현상만 있을 뿐 내가 괴롭다는 느낌에서 자유로울 수 있게 됩니다. 나를 놓고 나면 이렇게 자유롭습니다.

방하착 염불 수행

 불교 수행의 근본은 '놓음'에 있습니다. 일체를 놓았을 때 진정 법계를 들어 올릴 수 있는 가르침이 있습니다. 그러나 우리네 삶의 모습은 '잡음'만을 추구합니다. 보다 많은 것을 부여잡으려 애쓰는 모습들이 바로 우리의 현실입니다. 그 '잡음'의 바탕에는 '나다' 하는 아상이 깔려 있습니다. '내가 옳다'고 하는 정신적인 잡음과 '내 것이다' 라고 하는 물질적인 잡음, 그리고 이 몸 편하게 하고자 하는 몸뚱이 착이 그것들입니다. 이러한 아상 때문에 우리들 '잡음'의 철학은 더욱 힘을 발합니다.
 모든 일상에 '나'가 빠지고 나면 우리의 몸과 마음은 훨씬 더 맑아 질 것입니다. 그래서 불교를 '무아법'이라 하는 것입니다. 무아를 체득했을 때, 진정 '나'라는 굴레를 벗어 버렸을 때 우린 보다 자유로운, 그리고 고요하고 적적한 행복감을 느낄 수 있을 것입니다.
 불교 수행의 핵심은 이렇듯 '놓음'에 있습니다. '방하착' 이야말로 수행자가 가져야 할 본분사인 것입니다. 방! 하! 착! 이 하나면 충분합니다. 이 속에 일체의 모든 수행

체계가 고스란히 녹아 있습니다. 그러나 이렇듯 놓기 위해서는 우리의 현실을 여실하게 관찰할 수 있어야 합니다. 사람들은 붙잡고 살아가면서도 스스로 붙잡고 있다는 사실을 알지 못합니다. 그 '잡음'으로 인해 괴롭다는 사실을 알지 못합니다. 잡고 있으며 잡음으로 인해 괴롭다는 현실을 명확히 관찰할 수 있어야 진정으로 놓을 수 있습니다.

그러기 위해 우린 하루하루 일상 속에서 늘상 깨어 있어야 합니다. 잠시라도 방심하면 '잡음'의 억압이 우리를 목 죄며 빠른 속도로 우리를 잠식할 것입니다. 일상 속에서 순간 순간 올라오는 일체의 모든 내면의 마음들, 외부의 경계들 이 모든 것을 하나라도 놓쳐선 안 됩니다. 올곧이 깨어 있어야 합니다. 깨어 있음은 진정 우리를 살릴 수 있습니다.

관하고, 방하착 하고 이론은 쉽지만 역시나 현실은 어렵습니다. 놓고 싶지만 놓은 듯 느껴지지만 여전히 막막하기만 합니다. 그건 믿음이 부족하기 때문입니다. 명확한 진리에 대한 믿음, 부처님에 대한 믿음, 내 안의 참생명에 대한 강한 믿음, 방하착 수행에 대한 믿음, 이 모든 믿음은 우리의 마음을 더욱 강하게 만들어 줄 것입니다. 믿음이 없는 수행은 허공에 집을 짓는 것과 같습니다. 어설픈 믿음으로 백년을 수행하고 염불하고 참선하는 것보다 금강과도 같은 확고한 믿음으로 하루 수행함이 더욱 값진 수행입니다.

이렇게 굳은 믿음으로 마음을 관찰하고 일체의 집착을 놓아 버리고 그러나 아직 수행 중인 우리들에게 이는 그저 간단한 문제만은 아닙니다. '하면 되지' 하지만 해도 안 된다고 합니다. 어떻게 해야 하는지 알 수 없다고 합니다. '놓아라' '놓아라' 하는 데에 집착이 되어 버립니다. '놓아라' 하는 그 놓음을 다시 붙잡아 버립니다. 보다 적극적이고 쉬우며 바로 갈 수 있는 '방하착'의 수행이 바로 '마음 공양'입니다.

 이 마음 '놓는다' '놓는다' 하기보다 그 마음 부처님께 그저 모두 공양 올리는 것입니다. 그것은 부처님을 향한 공경심을 연습하는 것이며, '내가 수행한다'는 상을 깨고 일체의 모든 공덕 또한 부처님께 회향하는 일입니다. 수행도 내가 한다고 하면 병통이 되기 쉽습니다. 그저 부처님께 공양 올릴 뿐입니다.

 온갖 마음의 분별심, 이기심, 탁한 마음에서 맑고 밝은 마음에 이르기까지 이 모든 마음을 부처님께 공양 올리고 나면 욱 하고 올라온 그 마음은 이미 중생으로서의 내 마음이 아닌 부처님의 참생명, 한마음으로 고스란히 변하게 됩니다. 우리에게는 혼탁하던 분별심도 부처님에게로 가면 밝은 한마음이 되어버립니다. 우리에게는 좋다 싫다, 옳다 그르다, 선악이라고 하는 분별심이 있기에 혼탁함이 생겨나지만 부처님 한마음에는 이렇다 할 분별심이 있지 않기에 그 어떤 마음도 모두 녹아 부처님 마음, 불심이 되어집니다. 마치 용광로가 온갖 잡스런 녹슨 쇳덩이조차

다 녹여 버리듯… 이렇듯 언제나 일체의 모든 마음 부처님께 공양 올리며 살아가는 이는 참으로 당당한 힘이 나옵니다.

나의 모든 생각, 행동, 말 한마디조차 공양 올리며 행하기에 이는 내 생각, 내 행동, 내 말이 아닌 모두가 부처님의 뜻이기 때문입니다. '나'라는 것을 비우세요. 모든 것은 '부처님'께로 되돌려 놓으시면 됩니다. 그리고는 가야 할 길만을 무섭게 찾아 나아가시면 됩니다. 내가 하는 것이 아니라 부처님께서 하시는 일이기 때문입니다. 일체의 모든 일은 자연스러워 질 것입니다. 마음 공양을 올리라고 하니 방법을 모른다고 합니다.

염! 불! 수! 행! 그 하나면 족합니다. 순간 순간 올라오는 일체의 모든 마음들, 외부의 모든 경계들, 그 안팎의 모든 경계에 대고 '관세음보살' '관세음보살' '관세음보살' 끊임없는 염불은 우리의 내면을 맑게 정화시켜 줄 것입니다. 우리의 마음을 부처님께로 밝게 공양 드릴 수 있도록 안내할 것입니다.

염불이야 무슨 염불이든 상관없습니다. '석가모니불'도 좋고, '나무아미타불'도 좋으며, '미륵존 여래불'도 좋습니다. 혹은 '옴마니반메훔' 하는 진언도 좋고, '주인공' '한마음' '불성' 그 무엇이라도 좋으며, 그저 '부처님' 해도 좋습니다. 다만 순간 순간 힘들고 괴로운 경계가 다가올 때 바로 마음 관찰하며 그 올라오는 마음에 대고 염불할 수 있으면 그만입니다.

우리 나라 사람치고 '관세음보살' 모르는 분은 없으실 것입니다. 타종교 신자라고 하더라도 '관세음보살'은 다 알고 있습니다. 또한 누구나 위급한 순간을 당하면 '아이고 어머니' 하듯 '관세음보살님' 하고 나도 모르게 관세음보살님을 찾게 된 경험을 하셨을 것입니다.

관세음보살님은 우리와 참으로 친근한 보살님이십니다. 이름 또한 세간의 음성을 관한다는 의미로 우리들의 힘겹고 어려운 그 모든 것들을 다 들어주시고 녹여주시는 분이십니다. 그러니 정하는 것일 뿐입니다. '관세음보살' 하고 말입니다. 물론 '나무아미타불' 염불을 하셨던 분이라면 끊임없이 그대로 하시면 됩니다. 중요한 것은 남들이 관음정근이 좋다 하면 '관세음보살' 한 며칠 하다가, 또 아미타불이 좋다 하면 '나무아미타불' 하고, 진언이 좋다 하니 또 '옴마니반메훔' 하고 그러는 것은 경책할 노릇입니다. 모두는 오직 하나입니다.

별것 아닌 것처럼 느껴지실 지는 모르겠지만 마음 속에서 올라오는, 또 밖에서 다가오는 그 어떤 경계도 밝게 마음 내어 지극한 믿음으로 '관세음보살' 염불하신다면 다 녹여 낼 수 있게 됩니다. 마치 용광로에서 모든 녹슨 고철들이 한가지로 녹아들 듯 말입니다.

염불하는 그 마음은 놓고자 하는 마음이어야 합니다. 일체를 '관세음보살' 염불 그 속에 몽땅 집어 넣고 다 녹이려는 마음이라야 합니다. 믿음이 지극해 졌을 때 진정 방하착할 수 있고 그렇듯 놓아버리는 염불이 바로 방하착 염불 수행인 것입니다. 잡으려고 하는 염불은 기복밖에 될 수 없습니다. 염불하는 순간은 공(空)의 텅 빈 마음으로 오직 놓고자 하는 일념으로 사무쳐야 하는 것입니다.

염불 수행이 곧 마음 공양입니다. 염불 수행이 곧 방하착입니다. 염불 수행이 곧 관(알아차림)의 수행입니다. 이 모두는 결코 둘이 아닌 하나로 돌아갑니다. 수행은 오직 하나입니다.

밝은 놓음, 밝은 관찰, 밝은 믿음, 밝은 마음 공양, 밝은 방하착 염불 수행, 밝게 밝게 이루소서….

하루 일과 생활 수행

  수행 따로 생활 따로 있는 것이 아닙니다. 우리의 삶 그 자체가 수행이 되어야 합니다. 매 순간 순간 깨어 있는 수행자여야 합니다. 생활 터전이 바로 수행하는 도량이고, 다가오는 안팎의 경계가 바로 수행의 재료이며, 내 앞을 스쳐 지나가는 이 모든 사람들이 바로 나의 부처님이 될 수 있는 마음이라야 바로 실천할 수 있습니다.
  하루 일과를 어떻게 보낼 것인가. 어떻게 수행으로 밝게 돌려 나갈 수 있을 것인가 하는 문제는 참으로 중요합니다. 본 장에서는 수행에 대한 원론적인 이야기보다는 구체적으로 하루 일과 가운데 어떻게 실천할 것인가에 대하여 살펴보고자 합니다.
  먼저 이른 아침, 잠자리에서 일어나 눈을 뜨는 첫 새벽은 우리의 수행에 있어 너무나도 중요한 순간입니다. 새벽에 일어날 때부터 찌뿌드드하고 개운하지 못하면 하루 일과 전체가 흐트러지게 될 것입니다. 맑은 마음으로 새벽녘을 일깨워 마음을 다잡고 나면 그 날 하루는 맑은 마음으로 시작하기에 밝은 일들만 일어나게 될 것입니다.

'새벽의 수행'으로는 '108배 절 수행'이 참으로 좋습니다. '관세음보살' 염불을 하며 일 배, 일 배 해 나가는 것입니다. 108염주를 잡고 일 배, 일 배 해 나가는 것도 좋지만, 염주 없이 일 배부터 108배까지를 하나하나 세면서 하는 것은 108번 절을 하는 동안 마음을 흩어지지 않게 다잡아 줄 것입니다. 일어나는 순간 바로 일어나 108배를 시작함도 좋고, 가까운 곳에 절이 있다면 절에 가서 하는 것도 좋을 것입니다. 절까지 조깅을 하고 절에서 108배 절 수행을 하고 집으로 돌아오는 길은 얼마나 상쾌하고 가슴이 벅차오르는지 모릅니다.

 수행하겠다고 눈을 비비고 일어나지만 자꾸 마음 속에선 조금만 조금만 더 자고 싶은 욕망의 분별을 일으키게 만들 것입니다. '내일부터 하지 뭐' '어젯밤 늦게 잤으니까' '오늘은 중요한 일이 있으니 그것을 위해서라도 좀 더 자두자.' 이렇듯 잠이라는 욕구를 채우기 위해 올라오는 갖가지 분별심들이 늦잠을 정당화시키려고 끼어들게 될 것입니다. 두 눈을 뜨는 순간 이어서 일어날 갖가지 분별들을 다 놓아 버리는 것이 중요합니다. 그리고는 눈을 뜨는 순간 일어나고 일어나는 순간 절을 시작하는 것입니다.

 이렇게 밝아진 마음으로 하루 일과를 시작합니다. 그러나 아침 전쟁 같은 출근길이며, 직장 상사의 잔소리, 평소 미워하던 동료의 보기 싫은 모습들, 쌓여 있는 업무 등에서부터, 진급문제며 퇴직의 두려움에 시달리는 등의 모든 문제들이 우리의 마음을 조금씩 무겁고 어둡게 만들 것입니다.

  그래서 일과 가운데 늘상 깨어 있어야 한다고 말하는 것입니다. 내면에서 또는 바깥 경계(境界)로 일어나는 이 모든 분별심들을 하나하나 낱낱이 관(觀)하며 놓치지 않아야 합니다. 그리고는 그 안팎의 경계를 놓아버리는 '방하착 염불 수행(放下着 念佛修行)'을 해 나가는 것입니다. 그 경계에 대고 '관세음보살.. 관세음보살…' 하고 염불하는 것입니다. 염불하는 그 밝은 마음에 안팎의 모든 경계는 녹아 내릴 것입니다. 또한 틈날 때마다, 시간날 때마다 염불을 하는 것입니다.

  짜증나는 출근길이며, 업무 중 잠시 쉬는 시간, 점심 먹고 난 뒤, 퇴근 후 술자리 등에 언제라도 '관세음보살…' 혹은 순간 순간 잠시 내면을 관하며 '관세음보살…' 주위의 힘들어하는 동료를 위해 기도하는 마음으로 '관세음보살…' 힘든 일이 주어졌을 때 밝은 기운으로 잘 될 수 있길 발원하며 '관세음보살…' 그 어떤 경계라도 놓아 버리고 녹여 버릴 수 있도록, 끊임없이 일상 생활 염불, '방하착 염불 수행'을 해 나가는 것입니다.

  작은 108염주를 목에 걸든지 손목에 서너 번 감고 다니는 것도 좋습니다. 순간 순간 손목의 108염주를 풀어 한 알, 한 알 굴리며 '관세음보살' 염불을 할 수 있을 것입니다. 그렇게 하루 중 1000번이고 3000번이고, 혹은 10,000번 정도 할 수 있다면 참 좋을 것입니다.

  늦은 밤 집에 돌아와 잠자리에 들기 전에는 경전을 독경하도록 권하고 싶습니다. 아함경에 보면 부처님께서도 열반하실 때 제자들에게 잠들기 전에 독경하라고 하신 내용을 볼 수 있습니다. 몸을 깨끗이 씻고, 이불을 펴고 바로 앉아 경전을 독경하는 것입니다. 금강경(金剛經)을 독경하면 좋겠지만 초심법우들은 반야심경(般若心經)을 7독 하는 것도 좋을 것입니다.

그리고는 잠자리에 누워 계속해서 '관세음보살'을 염불하며 잠이 드는 것입니다. 죽는 순간이 중요하듯 잠드는 순간은 참으로 소중합니다. 어두운 마음으로 잠이 들면 나쁜 꿈에 시달리겠지만, 밝은 마음으로 염불하며 잠이 드신다면 삿된 꿈이나, 가위눌림 같은 것없이 맑은 잠을 청할 수 있을 것입니다. 잠들기 직전의 염불은 무의식에까지 영향을 주기 때문에 잠자는 내내 염불하는 것이나 다름없는 수행력을 가져다 줄 것입니다.

이상에서 언급한 것과 같이 하루 일과가 수행심으로 성성히 깨어 있어야 할 것입니다. 그러나 혼자 하려면 참으로 어렵습니다. 밝은 도반이 있다는 것은 참으로 수행의 전부를 얻은 것입니다. 이 도량의 모든 법우님들이 낱낱이 서로 서로에게 도반이 되어 경책해 줄 수 있는 그런 밝은 생활 수행 실천의 도량이 되었으면 하고 마음 내어 봅니다.

혼자 조용히 수행하려 하면 금세 나태해 지기 쉽습니다. 마음이 금방 나약해 지고 말 것입니다. 혼자 가기보다는 우리 밝은 도반 되어 함께 갑시다. 함께 정진하고 함께 경책하며 부처님 가르침 믿고 따르는 참 도반이 됩시다. 이 도량이 그런 실천하는 도량이 되길 참으로 바랍니다.

  이따금 경전을 읽고, 강의를 듣고, 일년에 한 번 부처님 오신 날 절에 나간다고 불자인 것은 아닙니다. 마음 속으로, 입으로 수행 수행 날마다 떠든다고 수행력이 생겨나는 것은 아닙니다. 실천이 따르지 않는 공부는 죽은 공부입니다. 날마다 수행하고 정진하고 매 시간, 매 순간 실천할 수 있는 그런 밝은 도반이 모여 사는 밝은 도량이 될 수 있도록 법우님들께서 함께 마음 내어 발원해 주시기 바랍니다.

'예' 하는 밝은 마음

우리 마음속의 참 생명, 부처님 한마음은 걸릴 것이 없습니다. 하지 못할 일이 하나도 없습니다. '참나'를 굳게 믿고 있는 수행자는 어떤 경계가 닥치더라도 당당히 맞설 힘이 있습니다. '참나'는 못할 것이 없기 때문입니다. 그런 참 생명의 힘을 가지고 있는 우리이건만 우리의 일상은 못하는 일, 어려운 일, 답답한 일, 안 되는 일뿐입니다.

우리의 마음은 오랜 습(習)으로 인해 '안 되는 마음' '못하는 마음'으로 가득 차 있습니다. 무엇이든 경계가 닥쳤을 때 순식간 안 된다는, 못 한다는 분별심을 먼저 일으키고 봅니다. 그리고 나서는 혹시 할 수 있을까, 될까 하고 생각합니다. 누군가에게 그 어떤 부탁을 받았을 때 우선적으로 '싫다'는 마음을 일으키고는 분별심을 그리로 이끌어 갑니다. '아니오. 생각좀 해 보고요.' 그렇듯 '아니오' 하는 마음이 우리에겐 익숙합니다.

그러나 우린 올바로 밝게 알아야 합니다. '아니오' 하는 마음은 일단 안 되어지는 쪽으로 기운을 흐르게 합니다. 한편 경계에 닥쳤을 때 일단 '예' 하고 긍정하는 마음을 일으키면 그 마음이 법계를 울려 '되어지는 쪽'으로 기운을 일으킵니다. 그렇게 되어 있습니다. 초심(初心)… 경계에 닥쳐 일으킨 초심은 너무도 중요합니다. 그 일의 첫 기운을 좌우하기 때문입니다. 첫 단추를 끼우는 것과도 같기 때문입니다.

우린 뭐든지 다 할 수 있는 한마음 부처님입니다. 무엇이든 한마음 일으켜 닥치는 대로 할 수 있는 힘을 가진 존재들입니다. 그러나 그 본래로 가진 힘을 쉽게 무시해 버리기에 쉽게 자신의 능력을 한정짓기에 안 되는 쪽으로 법계의 울림을 실어가는 경우가 많습니다.

일단 '예' 하고 긍정하는 연습을 하게 되면 법계가 먼저 알아듣습니다. 먼저 알아듣고 인다라망 그물코와도 같은 수많은 인연, 인연들에게 스스로 전달을 하게 됩니다. 되어지는 쪽으로 일의 흐름을 굳히게 됩니다. '예' 하고 나면 그렇듯 자연스레 힘이 붙습니다. 반대로 '아니오' 하는 마음은 순간 법계에 짙고도 무거운 어둠을 몰고 옵니다. 그렇듯 부정하는 마음은 할 수 있는 일도 못 하게 이끌어 갑니다. 우리의 마음을 나약하게 만들고 맙니다. 내 주위의 인연들을 흐트러뜨리고 맙니다.

그렇게 무서운 것이 마음의 법칙입니다. '아니오'라는 말 절대 쉽게 하지 마시기 바랍니다. 밝은 마음 좀먹는 마장임을 바로 보시기 바랍니다. '아니오'를 많이 하면 나의 모든 일들이 안 되는 쪽으로 흐름을 타게 됩니다. 가만히 나의 일상을 명상해 보시기 바랍니다. '예'를 많이 하는

지, '아니오'를 많이 하는지. 그것은 나의 마음의 능력을 재어 보는 쉬운 방법이 될 것입니다.

'예'를 많이 하는 사람은 무한한 능력의 소유자이며 '아니오'에 얽매이는 사람은 가지고 있던 능력도 모두 쫓아 버리는 사람입니다. 참 좋은 법입니다. 참 밝은 마음 법입니다. 우리의 마음이란 이렇듯 기특하기 이를 데 없습니다. 한마음 일으켜 일체의 모든 일을 해 나가는 것입니다. 무슨 일이든 '할 수 있다'는 마음가짐을 먼저 가지세요. '그래도 한번 해 보자' 하는 마음으로는 부족합니다. 굳은 믿음 일으켜 '예' 하고 되는 쪽으로 마음을 굳히면 그 다음은 '법계'의 일이고, '부처님'의 일입니다. 그 다음 일이 되어지고 말고는 부처님의 일입니다.

'내가 한다'는 어리석음을 부처님께 마음공양 올리고 나면 이렇게 편안합니다. 그것이 공(空)의 실천입니다. 연기(緣起)의 실천입니다. 잡을 것 없는 마음 하나 굳게 부여잡고 함이 없이 해 나가는 것입니다. '예' 하는 마음으로 밝은 인연을 짓는 것입니다. 본래 모든 일이란 '마음'을 보면 알 수 있습니다. 잘 되고 안 되고는 미리부터 보여집니다. 그 마음을 보면 보여지게 되어 있습니다. 밝은 마음, 되는 마음을 연습하면 안 될 일도 되는 쪽으로 굳어지는 것이 우리네 마음입니다.

마음 하나 가지고 세상을 짓고, 무너뜨리고 그럽니다. '예' 하는 마음이 일체 모든 일들을 밝게 밝게 지어 내며 '아니오' 하는 마음이 일체 모든 일들을 무너뜨리고 그럽니다. 그런 게 우리네 마음입니다. 이제부터라도 사소한 일에서부터 '예' 하는 마음 자꾸 자꾸 연습하여 본래 가지고 있던 무한한 가능성, 무한한 능력을 그대로 일상에서 일구어 내시길 발원합니다.

순간 순간 깨어 있기

 이 글을 읽고 계신 바로 '이 순간' 나의 삶은 참으로 소중합니다. 지금 이 순간이 바로 나의 참 생명 부처님 생명이 성성히 깨어 있는 깨침의 순간입니다. 과거는 이미 지나갔으니 다시금 이곳 현실까지 불러들여 집착하고 얽매일 필요가 없으며, 미래는 아직 오지 않았으니 오지도 않은 미래에 대한 괴로움으로 지금 현실을 괴롭힐 필요는 없습니다. 우리 앞에 떨어진 현실은 어디까지나 현재, 바로 지금만이 있을 뿐입니다.
 인생을 살아가면서 우리가 부딪히는 때는 언제입니까? 우리가 실제로 부딪히는 것은 과거도 아니요, 미래도 아니요, 오직 바로 지금이라는 현실일 뿐입니다. 평생을 살더라도 과거를 살 수도, 미래를 살 수도 없습니다. 그런데도 불구하고 우리가 살아가며 느끼는 괴로움의 마음은 이미 지난 과거에 얽매이는 마음과 오지도 않은 미래에 얽매이는 마음이 대부분이라는 것을 바로 알아야 합니다.
 우리는 현재에 충실한 삶을 살아가야 합니다. 바로 지금 이 순간 완벽히 깨어 있어야 합니다. 선지식들이 말하길

"배고플 때 먹고, 배부르면 싸고, 졸리면 자고 하는 것이 바로 도(道)이다. 평상심이 곧 도이다."라고 했습니다. 현재심을 올바로 가질 것을 경책하는 말입니다. 바로 현재를 올바로 사는 가르침인 것입니다. 배고플 때 오직 먹기만 하고, 졸리면 온전히 자기만 할 수 있다면 참된 수행자라고 할 수 있습니다. 현실의 행위에 충실히 온전히 온 힘을 기울여 살아가야 합니다.

밥을 먹을 때는 밥 먹는 데에 온 힘을 기울여 온전히 밥 먹는 것에 집중을 하고 살아야 합니다. 그러나 우리들은 배고플 때 밥만 먹는 것이 아니고 밥 먹으며 딴 생각하고 딴 짓하고 밥 먹는 한 순간에도 최선을 다하지 못합니다. 겉모습은 똑같이 밥을 먹고 있더라도 이렇게 수행자와 비수행자의 내면 세계에서는 커다란 차이점이 나는 것입니다.

틱낱한 스님은 '설거지를 위한 설거지'에 대해 말씀하시며 설거지를 할 때에 오직 설거지만 할 수 있다면 현재를 온전히 살아가는 것이라 하셨습니다. 설거지를 하는 것에는 두 종류가 있습니다. 하나는 그릇을 깨끗이 하기 위해 설거지를 하는 것이고, 두번째는 설거지를 하기 위해 설거지를 하는 것입니다.

살아가다 보면 하기 싫고 짜증나는 일이 있게 마련입니다. 청소하기 싫고, 설거지하기 싫고, 일하기 싫고, 공부하기 싫고, 수행하기 싫고, 절하기 싫고, 남편 뒷바라지하기 싫고, 그러나 이러한 일을 행할 때는 반드시 그 행위 자체가 목적이 되어야 합니다. 빨리 빨리 청소나 설거지를 하고 쉬어야지 하는 마음으로 일을 한다면 마음이 짜증나고 싫고 빨리 끝내려는 마음만 앞서게 됩니다. 이렇게 청소, 설거지를 끝내고 나면 다만 깨끗하다는 결과만 우리에게 남게 됩니다. 그렇다 치더라도 그런 마음으로 했으니 얼마나 깨끗할까요.

그러나 청소를 위해 청소를 한 수행자는 그 행위 속에 수행의 힘까지 남게 됩니다. 청소를 하며 마음을 집중하고 청소하는 그 마음에 온 힘을 기울였기에 청소 그 자체가 수행이 되어 버리는 것입니다. 청소하는 그 순간 이 사람은 온전히 깨어 있는 것이 되고 방하착한 것이 됩니다. 빨리 하고 나서 쉬어야 하는 게으른 마음, 괴로운 마음이 놓여졌기 때문입니다. TV 보는 것, 친구를 만나는 것, 돈을 버는 것만큼이나 청소를 하는 것 또한 소중한 하나의 독립된 목적이 되어 버리는 것입니다. 그러니 청소할 땐 싫고 친구 만나는 것은 좋고 하는 분별심 또한 놓여질 수 있는 것입니다.

일하는 것, 공부하는 것, 수행하는 것도 마찬가지입니다. 공부할 때 공부를 위해 공부를 해야지 대학 가기 위해 공부를 한다면 공부하는 순간의 마음은 조급하고 공부에 충실할 수 없게 될 수 있습니다. 오직 대학합격이라는 오지도 않은 미래에 생각이 집중되기 때문입니다. 마음을 그렇게 빼앗기면 그만큼 공부하기가 힘들어 집니다. 공부를 많이 한 날은 행복감과 뿌듯함을 느낄 수 있을 테지만 그러지 못한 날에는 괜히 기분도 나쁘고 사소한 일에 짜증도 부리고 하게 되는 것입니다. 즉 공부 하나 때문에 나의 마음이 천상도 가고 지옥도 가고 그러는 것입니다.

일을 할 때 빨리 시간이 지나길 바라는 마음에 퇴근할 시간에만 마음이 머문다면, 일에 대한 보답으로서의 봉급에만 마음이 머문다면 우리는 돈은 벌 수 있을지언정 진정 그 순간 행복하지 못하게 됩니다.

수행도 마찬가지입니다. 수행 그 자체를 위해 절하는 그 순간, 염불하는 그 순간이 그때 그때 목표가 되어 그때 그때 현실에 충실해야 하는 것입니다. '빨리 수행해서 성불해야지' 라든가 '빨리 수행해서 복 많이 짓고 편한 삶을 살고 집안이 편안해야지' 라는 생각으로 수행하고 절하면 안 됩니다. 그렇게 되면 빠른 시일 안에 수행의 결과를 바라게 되고 그렇게 되지 않으면 부처님을 원망하며 심지어 원하는 대로 되지 않았을 때 개종까지 하게 되는 것입니다.

수능시험이 끝나고 '잘 되면 내 탓 못 되면 부처님 탓'을 하는 사람이 나오게 되는 것입니다. 집에서 남편 뒷바라지, 자식들 뒷바라지를 할 때에도 오직 그때 그때 내가 가족들에게 행하는 그 뒷바라지 자체에 충실할 일입니다. 뒷바라지한다는 상이 있게 되면 남편이 승진을 못할 때, 자식이 대학에 떨어질 때, 자신에게 잘 못해 줄 때 괴로움이 따르게 될 것입니다.

'내가 이렇게 열심히 뒷바라지하는데' 하는 상(相)이 있으면 자식이나 남편이 내게 서운하게 대할 때면 괴로워집니다. 오직 남편, 아내, 자식, 부모님을 부처님으로 여기고 부처님 시봉(侍奉)하듯이 현실을 충실히 시봉하면 그것이 바로 수행인 것입니다. 이렇게 수행은 가정에서, 사회에서, 학교에서, 직장에서 일체 모든 사람들을 부처님처럼 모시며 시봉하면서 해 나가는 것이지 절에서 부처님에게만 하는 것이 아닙니다.

우리들이 생각하고 있는 것 가운데 아주 잘못 생각하고 있는 것이 있습니다. 그것은 바로 절에서 하는 것은 수행이고 집에서 직장에서 일상에서 하는 것은 수행이 아니라는 생각입니다. 집에서 남편을 대할 때, 자식, 부모님을 대할 때 지극한 마음으로 부처님 시봉한다는 마음으로 현실에 충실하며 살아가는 것이 바로 크나큰 수행임을 알아야 합니다.

집에서 행하는 사소한 일상 하나하나, 예를 들면 설거지하는 것, 청소하는 것, 밥 먹는 것, 잠자는 것, 책 읽는 것, 자녀들과 대화하는 것, 부모님 모시는 것, 친구들 만나는 것, 회사에서 일하는 것, 친구들과 모여 술 마시러 가고 노래방 가서 놀고 즐기는 그 속에서도 내가 행하는 모든 일거수 일투족을 놓치지 않고 관찰하며 그때 그때의 현실에 충실할 수 있다면 이 모든 일상의 일이 바로 수행입니다. 그것이 바로 생활 수행인 것입니다. 절에서 애써서 절을 하는 것이나 마찬가지의 수행인 것입니다.

이처럼 수행하는 삶은 나를 바꾸고 세상을 바꾸는 원동력이 되며, 세상을 살아가는 가장 중요한 방법이고 가장 큰 힘이 됩니다. 현실에 충실한다는 것은 완벽하게 현실을 깨어 있다는 것을 의미하며, 현실에 집중하여 마음을 다른 곳으로 빼앗기지 않음을 의미한다는 것은 이미 앞에서 언급한 바와 같습니다. 또한 현실을 올바로 집중한다는 것은 항상 현실의 마음과 행동 하나하나를 관찰한다는 것을 의미합니다. 그리고 이렇게 나의 일거수 일투족을 관(觀)하며 살아간다는 것은 곧 집착을 놓고 살아가는 방하착(放下着) 수행을 의미합니다.

올바로 관할 수 있을 때 우리가 가지고 있는 모든 착(着)에서 벗어나 자유로울 수 있습니다. 괴로운 마음이 생길 때 그 마음에 얽매이면 우리는 이미 그 실체가 없는 괴로움의 노예가 되어 내 마음을 빼앗겨 버리며 한없는 괴로움을 느끼게 됩니다. 그러나 그 괴로운 마음이 일어날 때 일어났다는 것을 올바로 관찰하고 방하착하면 그 마음은 이미 사라지고 말 것입니다. 지눌 스님께서 수심결에서 하신 말씀으로 끝맺음을 지을까 합니다.

"망상이 일어남을 두려워 말고 알아차림이 더딜까 두려워하라. 망상이 일어나면 곧 알아채라. 알아채면 없느니라."

욕망이 아닌 '필요'에 의한 삶

우리들 삶의 밑바탕에는 철저히 '욕망'이란 마음이 깔려 있습니다. 우리들의 행동 하나하나마다 스스로 생각을 했든 하지 못했든 간에 '욕망'이란 놈이 끊임없이 활동하고 있습니다. 맛있는 음식을 먹고자 함도 '욕망'이고, 보다 많이 돈을 벌고자 함도 '욕망'이며, 잘난 배우자를 선택하고자 하는 것도 '욕망'입니다. 명예와 권력을 얻고자 함도, 좋은 대학을 가고, 좋은 회사에 취직하고자 함도, 우리가 살아가며 느끼는 이 모든 행위마다 '욕망'이란 놈은 언제나 고개를 쳐들고 일거수 일투족 우리의 행위에 끼어 들어 모든 판단에 관여하고 있습니다.

'욕망'이 클수록 무언가를 얻고자 갈구하는 마음이 커지고 하고자 함이 클수록 그에 대한 집착도 커지며 집착이 클수록 괴로움도 커지는 것입니다. '욕망'이 작을수록 얻고자 함이 적어지고 집착을 여의게 되어 어디에도 걸리지 않는 자유를 느낄 수 있습니다.

이렇듯 우리들 괴로움의 원천은 대부분 '욕망'에서 옵니다. 욕망을 놓아버리고 나면 자연스레 욕망의 대상에 대한 집착도 여의어지고 따라서 괴로움도 소멸되어 버립니다. 많은 사람들은 하고자 하는 '욕망'이 없으면 어떻게 세상을 살아가느냐고 반문합니다.

수행자는 대답합니다. 욕망에 의한 삶이 아닌 '필요'에 의한 삶을 살아가라고 말입니다. 욕망에 의한 삶은 끝이 없습니다. 한 가지 욕망이 성취되면 곧바로 또 다른 욕망을 일으킵니다. 설령 우주를 다 준다 해도 그 욕망은 사그라들지 않습니다. '필요'에 의한 삶을 사는 이를 수행자라 이름합니다. 무소유는 아무 것도 가지지 말라는 말이 아닙니다. '필요'에 의한 소유를 하라는 것입니다.

배가 고프면 밥과 반찬이 있어 주린 배를 달래면 됩니다. 옷이 필요하면 누더기라도 걸치면 그만입니다. 돈을 벌고자 하면 취직을 하면 됩니다. 그러나 우리의 '욕망'은 배가 고프면 보다 좋은 밥과 맛있는 반찬을 원하고, 옷이 필요하면 비싸고 좋은 옷을 가지려 하고, 돈을 벌고자 하면 끊임없이 만족치 못하여 수억을 벌어도 모자란 마음을 일으킵니다. 그저 필요한 것 있는 대로 쓰면 그만입니다. 그러나 우린 거기에 '욕망'을 가미하여 '더 좋은 것' '더 맛있는 것' '더 많이' '더 높게'를 바랍니다.

옛날 부처님 당시 수행자들은 누더기 한 벌, 발우 하나면 충분한 삶을 살았습니다. 보다 좋은 색깔 누더기, 금으로 만든 밥그릇을 바라지 않았습니다. 밥만 주면 밥만 먹고 살았고, 적으면 적은 대로 조금씩 먹고, 많으면 많은 대로 여럿이 나누어 먹고, 영양가 많은 고기가 나오면 아픈 이, 쇠약한 이에게 나누어 먹이고 그렇게 자연스럽게 살았습니다. 그렇게 번잡하지 않은 단아한 행복의 삶을 살았습니다. '욕망'이기보다 '필요'에 의한 삶을 살았기 때문입니다.

그렇다 하더라도 우린 무언가를 끊임없이 가지려고 합니다. 가지지 말고 무조건 없이만 살라는 것이 아닙니다. 가지는 데도 방법이 있습니다. '필요'에 의해 가지려는 마음은 이타적인 '서원'이며, '욕망'에 의해 가지려는 마음은 이기적인 나만 잘 되자는 '기도'일 수 있을 것입니다.

진정 돈을 필요로 하는 이에게 돈을 베풀기 위해 돈을 벌겠다는 것은 '서원'이며 '필요'에 의한 삶입니다. 어리석어 사회에서 당하고만 사는 이에게 지식을 베풀기 위해 학교를 다니고 큰 돈 들여가며 공부하는 것 또한 '필요'에 의한 삶입니다. 보다 많은 이를 포교하기 위해 절을 짓고 불사를 일으키는 것 또한 바람직한 가짐의 방법일 수 있습니다.

이렇듯 여기에서 말하는 필요는 나에게 필요한 것을 의미하는 것이 아닙니다. 나를 위해 필요한 것을 보다 많이 충족하는 것은 '욕망'입니다. 정작 궁극에 가서 사회를 위하고 남들을 위하는 보다 넓은 길을 걷기 위해 필요한 것들을 가지는 것이 '필요'에 의한 삶입니다. 예로부터 수행자는 생명이 있어야 수행하고 교화할 수 있기에 음식을 취할지언정 맛에 탐닉하여 음식을 먹지 않는다고 하였습니다. 이 모두가 '필요'에 의해 살아간다는 수행자의 자세입니다.

요즘 우리 사회에 최소한의 의, 식, 주를 갖추지 못한 이는 어디에도 없습니다. 누구나 '필요'에 의한 삶은 누리고 있습니다. 먹지 못하고, 입지 못하고, 눕지 못하는 이는 눈을 씻고 찾아 보아도 없습니다. 북한이나 인도, 소말리아 등지의 당장 빵 한 조각에 생명이 왔다 갔다 하는 소수민들에게나 '괴롭다'는 말이 통한다면 조금 통할 수 있을 것입니다.

정말 필요에 의한 최소한의 것도 충족되지 않는 이들을 위해 오히려 우린 뛰고 또 뛰어 베푸는 것이 우리의 사명이 되고 수행이 되어야 합니다. '최소한의 필요'에 의한 것들이 충족되지 않는 이에게, 그런데도 사람들은 끊임없이 '없다' '없다' 하며 '괴롭다' '괴롭다'를 연발합니다. 지금 이대로의 모습으로 '행복함'을 느끼는 사람은 얼마 되지 않습니다. 누구나 '욕망'에 의한 삶을 살아가기 때문입니다. 누구나 지금 이 순간 행복할 수 있고 자유로울 수 있습니다. '필요'에 의한 삶을 사는 순간 우린 모두가 행복하고 자유로운 사람입니다.

너무나도 당당한 수행자이며 우주를 내 안에 품고 있는 거칠 것 없는 참 생명 주인공입니다. 보다 좋은 것을 먹고 싶고, 보다 좋은 집과 좋은 차를 사고 싶고, 보다 높은 지위에 오르고 싶고, 보다 육신을 편안하고 안락하게 하고 싶고, 이 '보다…'가 우리를 괴롭게 만드는 것입니다.

어리석은 중생은 '욕망'에 의해 세상을 살아갑니다. 지혜로운 수행자는 '필요'에 의해 세상을 살아갑니다. 중생은 수억을 가지고도 불안하며 불행합니다. 수행자는 누더기 한 벌, 발우 하나를 가지고도 세상을 움직입니다. '필요'에 의해 마음을 일으키면 법계에서 수억, 수천 억이라도 끌어 쓸 수 있기 때문입니다. '내가 한다'는 상이 없으니 아무리 끌어다 써도 업이 되는 일이 없습니다. 모두가 밝으신 부처님 일입니다. 법계의 일입니다.

수행자의 발원은 세상을 바꾼다

 부처님의 밝은 가르침을 항상 생각하며 따르며 수행하고 살려 하지만 막상 내 앞에 큰 어려움이 놓이게 되면 당장 부처님을 찾지 못하는 경우를 종종 보게 됩니다.
 사업을 계획할 때, 새로운 일을 시작하려고 할 때, 무언가 목표를 설정하고 추진하려 할 때, 몸에 병이 들어 고생할 때, 가족간 혹은 친구간에 사이가 좋지 않을 때, 직장 상사가 몹시 보기 싫을 때, 사업이 부도가 나거나 실직했을 때, 두 갈래 길에서 어찌해야 할지 망설여 질 때, 사랑하는 사람과 어쩔 수 없이 헤어져야 할 때, 자식 대학 진학 문제로 고민될 때, 시험을 앞두고 마음이 답답할 때 등등. 살아가다 보면 이와 같이 내 앞에 놓인 어려움들이 너무나도 버거워 힘겨울 때가 있습니다. 그럴 때일수록 우린 더욱 구도심을 가져야 합니다. 이 모두가 우리를 수행할 수 있도록 도와주는 '수행의 재료'이기 때문입니다.
 우리의 마음은 거룩한 비로자나 법신(法身) 부처님의 마음입니다. 그렇게 크고 밝은 마음입니다. 내가 마음 먹은 대로 '뜻대로' 이루어 낼 수 있습니다. 뜻대로 살 수 있는 정진력이 수행자의 힘입니다. 우주 법계를 내 뜻대로 가져다 쓸 수 있는 사람입니다. 마음 먹은 대로 이루어 낼 수 있는 수행력입니다.

우리는 일을 할 때 하고자 하는 의욕으로 마음만 앞서 오히려 일을 그르치는 경우를 종종 봅니다. 모든 일들은 물 흐르듯 그렇게 부드럽고 자연스럽게 진행되어야 합니다. 기존의 분위기에 부딪혀 갈등과 잡음이 일어나는 일은 올바르지 않습니다. 마음이 앞서 의욕만 내세우는 일은 그 일에 대한 기운을 흐트려 놓을 수 있습니다.

그러나 부처님 전에 복짓는 마음으로 원(願)을 세우는 수행자가 하는 일들은 언제나 부드럽고 자연스럽습니다. 발원을 세워 하는 일은 주위의 분위기, 기운, 사람들, 이런 일체 법계를 울리므로 자연스러운 흐름을 타고 마치 물이 모든 장애물을 부드럽게 통과하듯이 부드럽게 저절로 이루어지게 됩니다.

원력이 무르익으면 분위기가 자연스럽게 내가 원하는 쪽으로 바뀌게 되어 자연스레 맑고 밝아지게 됩니다. 거기에는 잡음이 없습니다. 갈등과 부딪힘이 없습니다.

이렇듯 발원에 우주 법계의 힘이 붙을 수 있는 이유는 '나다' 하는 아상이 붙지 않기 때문입니다. '나다' 하는 아상이 붙는 기도는 이기적이기 쉽습니다. 그런 기도는 '나 잘 되게 해 주세요.' 하고 의지하는 나약한 마음이며 구걸하는 거지의 마음을 연습하는 것입니다. 그러나 밝게 세운 원은 지혜와 자비로 충만한 진정으로 모두를 함께 위하는 넓은 마음입니다.

 목마른 사람이 물을 달라고 기도를 하면 한 컵의 물이 생길 수는 있을 것입니다. 그러나 다시금 목이 마를 것이고 다른 이들의 갈증을 풀어 줄 수는 없을 것입니다. 그렇지만 만 중생을 위하는 밝은 원을 세우면 한 컵의 물이 아닌, 끊임없이 솟아나는 우물이 생기게 될 것입니다. 갈증하는 모든 중생이 먹고 남을 수 있는… 나만 좋자고 하는 것이 아니라 모든 중생을 둘로 보지 않는 동체대비심(同體大悲心)에서 나온 부처님의 마음이기 때문입니다.

 그 어떤 어려움이 있더라도 원을 세워 일하는 이의 앞길은 환히 열릴 수 있습니다. '나'만 잘 되자는 이기적인 마음이 아니라 모두 함께 잘 되자는 밝은 이타의 서원이기 때문입니다. 예를 들어 봅시다. '내 자식 대학 붙게 해 주세요' '장사 잘 되게 해 주세요' '내 병좀 낫게 해 주세요' '내가 지금 하는 일 잘 되도록 해 주세요' 하는 마음은 '나'라는 아상이 붙는 기도일 수 있습니다.

 그러나 밝은 원을 세우는 이의 발원은 "자식 대학 붙어 마음 잘 닦고 부처님 밝은 일 열심히 할 수 있기를 발원합니다." "장사가 잘 되어 경제적으로 어려운 모든 이들을 위해 널리 회향하길 발원합니다." "병이 다 낳아 건강한 몸으로 더욱 수행 정진하여 온 중생 구제하길 발원합니다." 하는 아상이 아닌 일체 중생에게로 널리 회향하고자 하는 동체대비심의 발로입니다. 언뜻 보면 비슷한 마음인 듯하지만 후자의 마음에는 '나'만 잘 되고자 하는 아상이 아닌 모두를 위한 넓은 자비가 바탕이 되어 있습니다.

  기도는 이렇게 하는 것입니다. 이렇듯 아상 없는 발원을 하면 작게는 나의 소원이 이루어지고 나아가 널리 중생을 위한, 우주 법계를 위한 내 주위의 모든 부처님을 잘 공양하여 불사를 하겠다는 의지로 인해 우주 전체를 울릴 만큼 커다란 힘이 붙게 마련입니다. 그러니 작게는 내 일 같지만 일체 중생, 일체 부처님을 향한 회향(廻向)입니다. 그 마음 떳떳하여 그 자체가 불공드리는 불사(佛事) 수행입니다.

  모든 일을 할 때 이렇듯 '서원(誓願)'을 세우시길 바랍니다. '발원' 하는 일은 걸림이 없으며 잡음이 없어 자연스럽고 부드럽습니다. 우주 법계 모든 부처님의 마음에 공양을 올리는 복 짓는 마음이기에 내 안팎의 모든 부처님의 가호를 받을 수 있습니다. 발원 수행이 있기에 삶이 행복합니다. 그 어떤 어려움도 능히 이겨낼 수 있는 힘이 생깁니다. 무슨 일을 하시든지 원을 세워 하시길 바랍니다. 원을 세우는 마음이 바로 참된 수행자의 마음입니다. 무슨 일이든 발원하는 순간 '내' 일이 아니라 '부처님'의 일이 됩니다. 부처님께서 하시는 일에 잡음이 있을 수는 없는 것입니다.

  발원하는 이의 마음엔 바라는 마음이 없습니다. 원을 세워 부처님 일 하는 그 자체가 행복이며 밝음이고 그대로 목적이 되어 버립니다. 부처님 일 한다는 당당한 자부심 말입니다. 원을 세우고 과보를 바란다면 이미 '내가 한다'고 하는 아상이 있는 것입니다. 잘 되는 것도 부처님 일,

안 되는 것도 부처님 일입니다. 당장에는 안 되는 것 같아도 되려고 안 되는 일이라 생각하면 마음이 편안합니다.

원을 세운 뒤에는 잘 될까 안 될까 하는 분별심일랑 모두 밝으신 부처님께 드려야 합니다. 오염된 마음을 모두 부처님께 공양드리셔야 합니다. 우리에겐 분별심이며 오염심도 부처님께 가면 그 모두가 밝고 깨끗한 마음으로 바뀝니다. 부처님의 마음으로 하나가 되면 그 어떤 오염도 분별도 모두 쉬어 지기 때문입니다.

아상 없는 청정한 발원력은 우주를 진동하며 중생계를 울리고 부처님의 자비로운 마음을 한껏 나투시도록 한없는 생명력으로 다가 올 것입니다. 발원은 부처님을 시봉하겠다는 지극한 공경심이기 때문입니다. 괴로운 마음일랑 모두 부처님께 드리고 우리는 순간 순간 최선을 다해 깨어 있으면 됩니다. 열심히 일만 하면 됩니다. 잘 될까 안 될까 하는 걱정을 모두 놓아 버리고 그저 최선을 다하기만 하면 됩니다.

발원을 알고 나의 삶은 너무도 큰 변화가 찾아 왔습니다. 그 어떤 일도 그저 되어짐을 알았습니다. 안 되는 것도 되기 위한 것임을 알았습니다. 이 밝은 가르침 속에 그 어떤 어려움도 이제 더 이상 어려움이 아닌 수행의 재료가 될 수 있었습니다. 이런 크나큰 수행을 내게 주신 거룩하신 부처님께 지심으로 귀의합니다. 부처님의 밝으신 가르침에 귀의합니다. 부처님 가르침 밝게 실천하는 모든 수행자님들께 귀의합니다.

구나, 겠지, 감사 생활 수행

수없이 다가오는 온갖 경계(境界) 속에서 우린 참으로 힘없이 맥이 풀리고 마는 경우가 많습니다. 마음을 잃고 이리저리로 헤매는 경우가 많습니다. 다가오는 경계는 언제나 고정된 것이 아니기에 집착할 것이 없다지만 받아들이기 쉽지 않은 것이 우리네 마음인가 봅니다.

괴로움, 슬픔, 외로움 등의 경계들조차 본래부터 그 자체가 '고(苦)'인 것은 아닙니다. 다만 그 경계로 인해 나의 마음이 흔들리고 있는 것이 문제입니다. 내게 다가오는 어떤 경계도 잘만 돌리면 훌륭한 수행의 재료일 수 있다고 하였습니다. 순간 순간 다가오는 삶의 경계를 잘 닦아 나가는 일은 너무나도 소중합니다. 오늘은 순간 순간 올라오는 마음을 닦을 수 있는 '마음 닦기' 수행을 이야기해 볼까 합니다.

일상을 살아가며 순간 순간 힘들고 답답한 일, 우울한 일, 괴로운 일이 생길 때 어떻게 대처해 나갈 수 있을까에 대한 하나의 작은 대답이 될 수 있을 것입니다.

그 어떤 경계를 만나더라도 우선 '~구나' 하고 바라보는 관(觀) 수행이 첫째입니다. 이는 '마음 알기'의 깨어 있는 수행입니다. 둘째로 '~겠지' 하고 올바로 사유하는 명상 수행입니다. 이는 '마음 다루기' '마음 돌리기'의 깨어 있는 수행입니다. 셋째로 '~감사' 하고 크게 긍정하는 긍정 명상입니다. 이는 '마음 나누기' '마음 회향하기'의 깨어 있는 수행입니다.

이 세 가지 마음 수행, 마음 알기·다루기·나누기, 마음 관찰하기·돌리기·회향하기, 이는 참으로 쉽고도 명쾌한 생활 수행이라 할 수 있습니다.

예를 들어 보면 보다 쉽게 다가올 것입니다.

둘도 없는 친구가 내게 욕을 하고 화를 낸다고 생각해 봅시다. 우선 이 경계를 잘 돌리기 위한 첫 번째 수행은 '저 친구가 내게 욕을 하는구나' 하고 다가오는 경계를 가만히 관찰하는 것입니다. '욕을 들으니 마음이 괴롭구나' 하고 경계에 대한 나의 마음을 알아채는 것입니다. '~구나' 하고 관찰하는 것은 너무도 소중하여 모든 수행의 출발이 됩니다.

우린 보통 화가 나서 한참 싸우고 있을 때 '정신이 나갔어' '정신 없다'고 합니다. 즉 그 상황을 올바로 객관적으로 관찰하지 못하고 경계, 상황에 마음을 빼앗긴다는 얘기입니다. 그렇게 되면 그 상황에 올바로 대응하지 못하고 감정에 치우쳐 극단적인 대응을 하게 될 수도 있을 것입니다. 언제나 객관적인 상황과 주관적인 마음을 관찰하는 것은 수행자의 첫 번째 명상 수행입니다. 이는 경계를 올바로 관(觀)하는 팔정도의 정념(正念) 수행인 것입니다.

두 번째로 해야 할 수행은 '~겠지' 하는 마음입니다. '저 상황이라면 저럴 수도 있겠지' '나라도 저 상황이었다면 저렇게 행동할 수 있겠지' 하고 바르게 돌리는 마음입니다. 이 마음은 모든 경계를 향한 열린 마음이며 넓고 훤칠하여 걸림 없는 마음입니다. 그 어떤 상황이라도 원인 없이 이루어지지는 않습니다. 그러나 우린 인과를 관하기 전에 현재의 '욱' 하고 올라오는 마음에 주로 머물기 때문에 문제가 되는 것입니다.

상대방의 상황을 우선 있는 그대로 받아들이는 것이 중요합니다. 내가 그 상황에 처할 수도 있음을 관하고, 저 친구의 행동이 내 마음의 거울일 수 있음을 바로 명상할 수 있어야 합니다. 이는 올바로 사유하는 팔정도의 정사유(正思惟)의 실천행이기도 합니다.

그러고는 마지막으로 해야 할 수행이 '~감사' 하는 마음입니다. '더 심하게 할 수도 있는데 이 정도인 것을 생각하면 감사할 일이구나' '저 친구의 행동으로 인해 내 마음을 닦을 수 있음에 감사…' 하고 모든 것을 크게 긍정하는 작업입니다. 이 마음이야말로 그 어떤 상황에 처하든 경계를 맑고 향기롭게 돌릴 수 있는 수행자의 참다운 마음입니다.

이런 대 긍정 속에는 내 주위에 닥쳐오는 모든 경계가 바로 부처님의 나툼이며 나를 이끌어 주는 수행의 재료라는 크나큰 구도심이 크게 버티고 있습니다. 하루에도 수십 수백 번씩 다가오는 온갖 경계들을 이처럼 돌릴 수 있는 이야말로 진정한 생활 속의 수행자라 할 수 있을 것입니다. 처음에 '욱' 하고 순간 올라오는 마음이 너무 크고 괴로워서 수행심을 나약하게 만들 수도 있을 것입니다. 그렇지만… 힘들고 어려우니까 수행입니다. 수행 쉽게 하려는 마음이 '탐심'입니다. 처음엔 어렵겠지만 계속해서 끊임없이 이처럼 닦아나간다면 우리의 마음은 이내 온갖 경계에 걸림없는 자유인이 될 것입니다. 그 어떤 경계도 이끌어 나갈 수 있는 참 주인이 될 것입니다.

108배, '절'을 하는 의미

 불교 수행의 핵심은 '절'이라는 수행 방법에 그 핵심이 있다 해도 과언이 아닐 것입니다. 불·법·승 삼보(三寶)님을 비롯한 일체 중생을 한없이 높이고 나를 한없이 낮추는 무아(無我)의 실천 수행이 바로 '절'이기에 그런 것입니다. 그러면 절이라는 하심(下心) 수행이 불교에서 차지하는 수행적 의미를 조금 살펴보도록 하겠습니다.

 불교를 한마디로 한다면 연기법(緣起法)이요, 이를 대승 불교에서는 공(空)이라고 했으며, 이는 일체 모든 존재가 홀로 존재하는 것이 아니라 그럴 만한 인과 연이 서로 화합하여 만들어진 연기적 존재라는 의미입니다. 그렇기에 인연 화합된 속에 어느 것을 가지고 딱히 '나'라고 할 수 없기에 공이며 무아라고 하는 것입니다.

 이처럼 '나'라는 존재는 고정되어 존재하는 것이 아니라 일체 만유가 서로 조화하여 이루고 있는 물거품과도 같고 신기루와도 같은 존재라 할 수 있습니다. 결코 집착할 것이 못 되는 무아(無我) 그 자체인 것입니다. 즉 우리는 이 몸뚱이를 가지고 '나'라고 하지만 사실 '나'라는 것은 우주 만유가 인연에 따라 잠시 이 모습으로 나툰 것일 뿐이지 본래의 나는 무량수, 무량광의 부처님 생명으로 '거대한 전체로서 하나'라는 것입니다.

본래 집착할 바가 없는 것이 바로 '나'인 것입니다. 그렇지만 중생들은 '나'에 집착하여 '내 것'이라는 소유욕과 '내가 옳다'고 하는 고집에 빠져 있기에 항상 고통 속에 빠져 있는 것입니다. 그러다 보니 나 잘난 맛에 세상을 살아가며 하늘 높은 줄 모르고 '나'의 아상과 이기심을 키워 나가고 있습니다. '나'를 높이기 위한 수단으로 명예를 찾고 권력, 돈, 지위를 키워 가고 있는 것이 우리네의 살아가는 모습입니다.

이런 각종의 수단들을 통해 한없이 '나'를 높이고 싶지만 그렇게 되지 않는 상태를 우리는 '괴로움'이라고 합니다. 그렇기에 바로 이 '나다' 하는 아상(我相)을 올바로 보고 깨우쳐 나를 비워 내는 것이야말로 불교 수행의 핵심이라 할 수 있습니다. 나를 낮추는 하심의 수행은 이렇게 치켜세우길 좋아하는 '나'라는 존재에 줄 수 있는 훌륭한 양분입니다. 이 이기적인 작은 '나'를 볼 것이 아니라 일체 만유가 서로 인연 화합하여 이루어진 이 우주와 다르지 않은 '일체로서의 나' 즉 대아(大我)를 깨달아야 합니다.

그러기 위해 '나'를 한없이 낮추고 일체 만유를 한없이 높이는 하심의 수행, 절 수행이 필요한 것입니다. 이 하심의 수행은 작은 '나'를 돌려 일체 만유와 둘이 아닌 존재로서의 진정한 '참 나'를 찾을 수 있도록 아상 타파의 길을 제시해 줍니다. 이 참 나를 찾는 길의 끝에 우리 참 생명 실상의 어머니 '부처님'이 우뚝이 서 있는 것입니다. 이를 깨달음이라 하는 것입니다.

 입으로만 '하심 하심' 하면 하심이 되는 것이 아닙니다. 진정으로 몸과 마음을 낮출 줄 알아야 하는 것입니다. 행동이 따르지 않고 말만 앞서는 것이 아무런 의미가 없듯 '하심 하심' 말만 하는 것은 아무런 실천이 되지 않을 수도 있습니다. 몸이 먼저 하심을 해야 마음도 따라 하심을 하게 되어 있습니다.

 '절'을 할 때면 우리의 몸은 한없이 낮아지게 됩니다. 나에 대한 패배감으로 낮아지는 것이 아닙니다. 한없이 낮아지지만 그 낮춤이 진정 높이는 것임을 알아가게 될 것입니다. 이렇듯 하심의 훌륭한 수행 방법이 바로 '절'인 것입니다. 이처럼 절 수행은 나의 참 생명, 참 나를 찾는 수행의 출발이며 궁극이라 할 수 있을 것입니다.

 또한 '절' 수행은 육체적으로도 훌륭한 양분이 된다고 합니다. 요가에서의 모든 몸동작을 모두 망라한 훌륭한 요가체조이기도 하답니다. 과학적으로도 절 수행에 대한 훌륭한 논문이 나와 운동으로서도 훌륭함을 알려주고 있습니다.

 처음 출가할 때 행자교육원에서 계속되는 수행과 교육으로 웬지 모르게 허리가 끊임없이 아파왔던 기억이 납니다. 출가하기 이전부터 허리가 많이 좋지 않은 터였습니다. 그런데 3,000배 철야 정진을 한다고 하여 허리 때문에 참 많은 걱정을 했답니다. 그저 죽더라도 부처님 앞에서 죽고 허리가 끊어지더라도 해 보아야지 하는 마음으로 시작을 했습니다. 역시나 아파 오는 허리는 끊어질 듯했습니다. 특히 2,000배를 지나면서 도저히 견딜 수 없음을 느끼기도 하였습니다. 그래도 끝까지 숙이고 또 숙였습니다. 이 많은 눈맑은 행자님들 앞에서 쓰러진다는 건 어쩜 큰 축복일 지도 모른다는 생각을 했던 것 같습니다.

그런데 2,500배 정도 하는데 이상할 만큼 하나도 아프지 않는 것이었습니다. 절이 끝나고 나서도 계속해서 허리는 끄떡도 하지 않았습니다. 허리 아픔이 다 나은 것이었습니다. 행자교육원 기간 동안 거의 매일 수많은 절을 했었는데, 그 3,000배가 나의 허리를 낫게 해 준 듯했습니다.

그 때 요가와 절 수행을 많이 하신다던 스님께서 말씀하시길 절 수행을 하면 자칫 현대인들처럼 의자 생활을 많이 하는 분들이 허리가 조금씩 삐뚤어져 있기 쉬운데 허리가 올곧게 펴진다는 것입니다. 2,500배 할 때 그렇게 아픈 것이 교정되느라 그런 것 같다는 말을 해 주셨습니다.

그처럼 모든 면에서 절 수행은 참 의미있는 수행입니다. 법우님! 절 수행을 하시길 진심으로 바랍니다. 하루 한 번 108배를 하는 것은 그리 어려운 것이 아닙니다. 그러나 너무도 어려운 것일 수도 있습니다. 이 모두는 이 마음 가운데 달려 있습니다. 하루에 한 15분 정도 자신을 위해 투자하여 절 수행을 해 봅시다. 진정한 생활 속의 수행자가 되기 위한 첫 걸음을 내디디시기 바랍니다. 아침에 한다면 참 좋겠지만 아침이 힘들다면 밤에 잠자기 전에 혹은 막 집에 들어가서 샤워하기 전에 하는 것도 좋을 것입니다.

  푹 푹 찌는 한여름 밤, 온 몸을 찝찝하게 만드는 무더위, 이열치열이라고 방문을 걸고 108 염주를 들고 한 배 한 배 시작합니다. 점점 절도 빨라지고 땀도 물 흐르듯 등줄기를 식혀 주고 그렇게 그렇게 흘러내린 땀방울 뒤에 얼음장처럼이나 시원한 물로 샤워를 하고 나면 '하…' 그 마음 무엇으로 표현할까요. 그 뿌듯함이란… 이렇듯 일 배, 일 배 굽히는 속에 '참 나'는 무한히 드러날 것입니다.

몸뚱이 착(着) 다스리기

 세상엔 머리로만 되지 않는 일이 너무나도 많습니다. 생각만으로, 고뇌만으로, 책을 읽거나 대화를 나누거나 그런 일들로 되지 않는 일이 너무도 많습니다. 사람들은 글을 읽고 명상을 하고 마음 나누기를 통해 마음을 닦아가기도 합니다. 법문을 듣고 환희심을 느끼고 도반들의 수행 나눔 속에 나를 채찍하며 반성하고 몇 자 안 되는 글귀에서 삶의 희망을 찾기도 합니다. 그러나 이것들이 모든 문제를 다 풀어 줄 것이라는 생각은 역시나 많은 문제를 내포하고 있기도 합니다. 지을 적에는 쉽게 쉽게 짓지만 받을 적에는 너무 고통스럽습니다. 그렇기에 그 힘겨움을 막아보려고 애를 씁니다. 그를 위해 수행도 하고 기도도 하고 그럽니다.
 글귀 몇 줄, 법문 한번 듣는 것으로, 도반들 모여 법담(法談)을 나누는 것으로 지은 과보, 업식을 녹이기란 때론 너무나 버거울 때가 있게 마련입니다. 그래서 우린 치열하게 수행을 합니다. 3,000배 참회 절을 하고 그 긴 금강경을 독경하고 몇 시간이고 앉아 염불도 하고 3·7일 기도니, 100일 기도를 합니다. 때로는 죽기를 각오하고 몇 날 며칠이고 잠도 자지 않고 눕지도 않고 참선을 하며 염불을 하고 그러다가 힘에 겨워 쓰러지기도 하는 치열한 수행자를 만나게도 됩니다.

왜 그렇게 몸을 던져 수행을 합니까. 두 눈으로 글을 읽고 입으로 법담을 나누고 그저 행주좌와 어묵동정간에 여여히 마음 관찰하면 되는데 왜 그렇게 몸을 혹사시키며 고행을 합니까.

마음 먹은 대로 다 되지 않으니 중생입니다. 어렵게 지은 이놈의 업식은 쉽게 쉽게 녹아 내리지 않는 법입니다. 그러니 우리가 가장 착심을 일으키기 쉬운 이 몸뚱이를 던져 수행하는 것입니다. 몸뚱이 착 때문에 몸뚱이를 좀 더 편히 하려고 우린 얼마나 많은 노력을 하며 살아갑니까?

예전엔 직접 밭 갈고 논 농사 지으며 늘 노동을 소중히 하며 살았습니다. 그러나 시대가 변하면서 노동은 대접받기 어려워 졌습니다. 몸으로 하는 일은 천하고 머리로 하는 일만을 귀하게 여기는 풍조 말입니다. 사회는 점점 복잡해지고 머리 쓸 일은 너무도 늘어만 갑니다. 반면에 몸뚱이는 너무도 할 일이 없어집니다. 버튼 하나 누르면 안 되는 일이 없는 편리한 세상입니다. 요즈음의 시대는 진정 '정신의 휴식'과 '육신의 노동'을 필요로 합니다. 참선과 절 같은 우리네 수행은 이런 현대인에게 참 밝은 길을 안내해 주기도 합니다.

우리에게서 가장 집착이 강한 것이 몸뚱이라 했습니다. 아집(我執)이라 했습니다. 때문에 몸뚱이 착심을 방하(放下)하고 업식(業識)을 녹이기에 가장 쉬운 것이 몸뚱이 착 닦는 수행입니다. 몸뚱이 집착, 이놈이야말로 우리의 수행을 방해하는 우리가 초월해야 할 첫 번째 수행의 관문입니다. 수행은 하고 싶은데 쉽게 하고 싶은 마음이 앞섭니다. 그러나 쉽게 하면 그건 수행이 아닙니다. 온 몸 바쳐 수행하려는 마음이라야 합니다. 어렵게 수행하려는 마음이라야 합니다.

3,000배를 할 때 처음 한 500배 쯤은 참 쉽고 재미있습니다. 몸도 가볍고 신이 납니다. 수행한다는 아상(我相) 때문에 작은 다리 아픔쯤 아무 것도 아닙니다. 그러다가 1,000배쯤 넘어서고 나면 죽을 지경입니다. 그러나 진정한 수행은 이 때부터 시작입니다. 그 무거운 몸을 이끌고 하기 싫은 마음 녹여가며 몸을 일으키고 누이고 일으키고 누이고, 그것이 절 수행입니다.

무엇이든 닦는 것은 어려운 법입니다. 더럽히기는 한 찰나이지만 다시 닦아내기는 억겁의 시간이 필요할 수도 있습니다. 수행 쉽게 하려는 마음 때문에 수행 안 된다고 말하는 것입니다. 우선 몸부터 낮추고 내던져 보십시오. 하루 108배도 힘겨워하는 것이 우리네 중생들 몸뚱이 착심입니다. 이 작은 몸뚱이 착심조차 닦아내지 못하고서 마음을 닦겠다고 큰소리 칩니다.

내 앞에 펼쳐진 일상이 너무도 힘겨워 수행도 싫고 방하착이고 뭐고 이해도 안 가고 이래도 좋고 저래도 좋을 수 없다고 이야기하기 전에 먼저 내 몸 던져 수행부터 하고 몸뚱이 착심 놓아질 때까지 닦아보고 그 다음에 '수행'에 대하여 순수한 마음으로 논해 보자는 것입니다.

우룡 큰스님께서 "정말 힘들고 어려운 경계가 닥쳐 왔을 때 그것이 아무리 어렵고 괴로운 경계일지라도 몸과 마음 다해 정말 열심히 수행했는데도 불구하고 기도 성취가 되지 않는다면 그 때 가서 부처님을 욕하고 나를 욕해도 좋다."고 말씀하셨다고 합니다. 머리로만 수행하고, 가슴으로만 수행하고, 나아가 마음으로만 수행하지 말고, 온 몸으로 수행하려는 용기를 가져 보세요.

먼저 발원(發願)을 세우셔야 합니다. 기도 발원문을 직접 쓰시고 기도를 시작하기 전에 한 번 읽고 시작합니다. 근기에 맞게 기간을 선택하세요. 초심자라면 3일도 좋고 7일, 21일, 100일도 좋습니다. 그리고 시간을 선택하시면 됩니다. 새벽녘에도 좋고 잠들기 전에도 좋습니다. 몸뚱이 착을 닦기 위해, 온몸으로의 수행을 위해 '절' 수행은 꼭 들어가는 것이 좋습니다. 108배도 좋고 1,080배도 좋습니다. 적절히 300배나 500배 정도를 정해도 좋습니다

감당키 어려울 만큼 큰 경계를 이겨내기 위한 기도라면 절의 횟수는 많은 것이 좋을 것입니다. 1,080배 혹은 3,000배도 좋습니다. 3일간 3,000배를 혹은 7일간 1,080배를 하셔도 좋습니다. 제가 아는 어떤 보살님께서는 해인사 백련암에서 하루 10,000배씩 100일간

100,000배 원력을 세우고 기도를 하십니다. 잠도 쪼개가며 100일 동안 하루 일과 전체가 절로 이루어집니다. 새벽 3시에 일어나 아침 공양 전까지 3,000배, 잠시 운력을 하고 나서는 점심 공양 전까지 다시 3,000배, 저녁 공양 전까지 3,000배, 저녁 예불 때 1,000배, 그리고는 일찍 잠에 드신다고 합니다. 이렇게까지는 힘들겠지만 하루 108배 정도는 하는 것이 좋지 않을까 생각해 봅니다.

처음엔 절도 잘 되고 기도도 잘 되지만 하다 보면 꾀가 생깁니다. 그 꾀가 바로 '몸뚱이 착'입니다. 까짓 오늘 피곤한데 하루 108배 건너뛰자 하는 마음 말입니다. 누가 보는 것도 아닌데 하지만 법계가 보고 있고 내 마음 속 주인공이 보고 있지 않습니까? 몸뚱이 일 시키기 싫어하는 현대인에게 있어 절 수행은 몸뚱이 착 닦아내는 참 좋은 수행입니다. 바로 지금부터 밝게 원을 세워 108배 수행을 해 보시기 바랍니다. 분명히 달라지는 무언가가 있을 것입니다.

새벽에 깨어 있으라

 하루 일과의 중심은 무거운 눈꺼풀을 힘겹게 들어올리는 새벽녘 바로 그 순간에 있습니다. 우린 그 소중한 순간을 소홀히 놓쳐 버리는 경우가 너무도 많습니다. 잠이 모자란 듯 흐리멍텅한 눈빛으로 그렇게 새벽을 보내는 이의 하루는 맑고 청정하기가 힘듭니다.

 새벽에 올리는 예불과 기도, 그것은 마치 갓 입산한 동자승의 초발심처럼 소중합니다. 불자들은 새벽예불에 익숙치 않은 경우가 많습니다. 특히나 집에서 홀로 올리는 예불에 익숙치 않습니다. 부처님을 떠올리는 그 곳이 바로 도량이며 나의 집이 훌륭한 수행처임을 알고 생활 속에서 일상에 찌든 나의 모습에서 참 수행자의 모습을 볼 수 있어야 합니다.

 수행의 첫 출발은 예불에서 옵니다. 새벽예불과 기도야말로 우리 불자들이 할 수 있는 가장 기본적이면서 궁극적인 수행입니다. "생활 속의 불교! 불교의 생활화!" 너무도 외치고 있는 것이지만 방법을 모른다는 이들이 너무 많습니다. 새벽예불! 그 하나만으로도 충분합니다.

우선 방 한 켠에 작은 부처님을 모십니다. 그저 사진도 좋고 마음처럼 텅 비워 두셔도 좋습니다. 초와 향을 단정히 놓아두고 편안한 너른 방석을 준비하고 난 뒤 가슴으로 향을 사르면 그것으로 족합니다. 주위 이웃이 신경 쓰인다면 목탁은 없어도 될 것입니다. 108배를 할 수 있는 공간이면 됩니다.

예불을 모시고 반야심경을 봉독하며 나름대로 108배나 혹은 금강경을 독송하는 것도 좋습니다. 스스로 자신의 원을 부처님 전에 바칠 수 있도록 자신의 '발원문'을 만들어 매일 봉독하는 것도 우리네 '생활 속의 수행자'들이 빼놓지 말아야 할 중요한 수행입니다. 시간은 근기에 따라 30분도 좋고 1시간도 좋습니다. 여건이 안 되거나 경험이 없어 힘드신 분들은 한 10분 정도의 짬을 낼 수만 있어도 큰 초발심이 될 것입니다.

부처님 전에 올리는 예불과 기도가 어찌 하루 이틀을 정해두고 하는 것이겠는가마는 처음부터 그저 막연히 매일 아침 해야지 하면 금세 나약해지기 쉽습니다. 그래서 처음에는 날짜를 정해두고 하는 것도 좋습니다. 작게는 3일 기도, 7일 기도부터 시작하여 3·7일(21일) 기도, 100일 기도, 1000일 정진기도 등, 정해 둔 기간만큼은 반드시 정진하리라는 굳은 서원이 있기에 퇴굴심을 막아 줄 수 있기 때문입니다.

중요한 것은 매일 같은 시간에 정해 놓은 예불과 기도를 끊임없이 하는 것입니다. 조금 하다 보면 작심삼일이라고 피곤도 하고 내가 이런 걸 왜 하나 싶기도 합니다. 이 마음이 바로 마음 속의 마(魔)입니다. 혹은 그 시간에 외부의 어떤 사정으로 기도하지 못하게 될 수도 있을 것입니다. 자꾸만 어떤 다른 약속이 잡힐 수도 있을 것입니다. 이것이 바로 마음이 비친 외부세계의 마입니다.

그럴 때일수록 더욱 정진하셔야 합니다. 이것은 자신과의 싸움이며 부처님과의 약속입니다.

정진하소서.

느낌 닦기

 불교 수행의 주안점은 '느낌'에 있다고 할 수 있습니다. 우리 안에서 일어나는 일체의 모든 느낌을 바로 보고 닦아낼 수 있을 때 업식(業識)을 더 이상 짓지 않을 수 있는 밝은 길이 열립니다.

 우리 몸에서 느낌을 일으키는 곳은 육근(六根)이라 하여 안이비설신의(眼耳鼻舌身意) 눈, 귀, 코, 혀, 몸, 뜻 이렇게 여섯 가지입니다. 이를 주관계의 감각기관이라 하며 이는 다시 객관계의 여섯 가지 대상, 즉 육경과 접촉을 일으키게 됩니다. 육경이란 색성향미촉법(色聲香味觸法) 색, 소리, 냄새, 맛, 촉감, 뜻의 대상 이렇게 여섯 가지입니다. 바로 이 여섯 가지 주관계의 감각기관, 육근에서 그 대상인 여섯 가지 객관계의 대상 즉 육경을 접촉할 때 느낌을 일으키는 것입니다.

 느낌에는 3가지 종류가 있다고 합니다. 고수(苦受), 낙수(樂受), 불고불락수(不苦不樂受)라 하여 싫은 느낌, 좋은 느낌, 좋지도 싫지도 않는 느낌(무관심) 이렇게 말입니다. 이것은 참 중요한 교설이며 우리가 몇 번이고 주목해야 할 문제입니다.

이 세 가지 느낌에서 삼독심(三毒心)이 나오며 각종의 분별작용과 나아가 업을 일으키는 원동력이 일어나게 되는 것입니다. 삼독심이란 탐내고(貪心), 성내고(瞋心), 어리석은(癡心) 마음으로 우리 중생들이 가지고 있는 근본 무명을 의미합니다. 좋은 느낌(樂受)을 계속 일으키고 싶은 마음에서 탐심(貪心, 탐냄, 애욕)이 생기며, 싫은 느낌(苦受)을 일으키지 않으려는 마음에서 진심(瞋心, 성냄, 화냄)이 생기고, 좋지도 싫지도 않은 느낌을 그저 무관심하게 방치해버림으로써 치심(癡心, 어리석음, 무명)을 일으키게 되는 것입니다.

다시 말해 우리의 감각기관, 우리 몸에서 느낄 수 있는 이 모든 '느낌'들은 어느 것 하나 빼놓지 않고 중요한 의미를 지닙니다. 탐진치 삼독심의 원동력이 바로 '느낌'이기 때문입니다. 나아가 삼독심이 원인이 되어 각종의 분별(識)과 행위(業)를 일으키는 것입니다. 쉽게 말해 우리가 중생인 이유, 윤회하는 이유, 깨닫지 못하는 이유가 바로 이 느낌을 잘 다루지 못하기 때문이라는 것입니다.

경전에서는 탐진치 삼독심을 소멸하는 것을 일컬어 열반(涅槃)이라 한다고 하였습니다. 다시 말해 삼독심의 소멸, 즉 무명의 소멸이 바로 우리가 추구하고자 하는 깨달음의 길, 열반의 길이라는 말입니다. 다시 말해 육근에서 일어나는 각종의 느낌들을 닦아가는 것이 바로 수행의 핵심이라 할 것입니다.

그렇다면 바로 본다는 것이 의미하는 바는 무엇일까요. 바로 본다는 것은 세 가지 느낌을 통해 연이어 일어나는 삼독심을 일어나지 않도록 차단해 버린다는 의미를 가집니다. 즉 세 가지 느낌이 일어날 때 부수적으로 따르는 탐냄, 성냄, 어리석음을 그 앞 단계 즉 느낌의 단계에서 녹여 버리는 것입니다. 그 구체적인 방법이 바로 있는 그대로의 느낌을 가만히 지켜보는 것입니다. '뭐 그렇게 시시해' 라고 생각할지 모르겠지만 이것은 2,500여 년 전 석가모니 부처님께서 직접 제자들에게 일러주신 가르침으로 사념처 혹은 요즘 말로 위빠싸나라고도 이름합니다. 싫은 느낌, 좋은 느낌, 좋지도 싫지도 않은 느낌을 있는 그대로 지켜보는 것입니다.

예를 들어 누군가가 나를 꼬집었다고 했을 때 싫다라는 느낌을 일으키기 전에 그 꼬집었다는 느낌 그 자체를 있는 그대로 알아차리는 것입니다. 싫다는 느낌을 일으키면 연이어 진심(瞋心), 즉 성내는 마음이 따라 일어나게 되고 성내는 마음은 곧 다툰다든가 싸운다든가 나쁜 마음을 가지는 그 어떤 의지적 행위, 즉 업을 쌓는 결과를 가져올 것입니다. 쉽게 말해 왜 꼬집냐고 상대에게 화를 내고(瞋心) 화내는 마음에 상대를 미워하고(意業) 욕하며(口業) 다시 꼬집거나 싸우는(身業) 등의 행위(業)를 짓게 될 것입니다.

그렇게 시작된 업으로 인해〔인(因)〕 상대는 또 다시 나를 미워하게 되며〔과(果)〕 나중에 그 어떤 행위로써 또다시 나를 괴롭힐 것입니다.〔응보(應報)〕 이번 생에 나를 괴롭히지 못하고 죽으면 반드시 다음 생에까지 나를 따라와 그 원한을 갚고자 할 것입니다. 짓고 받음의 도리, 인과 응보의 도리는 철두철미하기 때문입니다. 그것이 바로 윤회(輪廻)인 것입니다. 이렇듯 이렇게 일으킨 한 번의 싫다는 느낌이 끊임없는 분별을 일으켜 삼독심이며 업과 윤회의 원동력이 되도록 만드는 것입니다.

그러나 나를 꼬집는 순간 '왜 꼬집을까' '아파 죽겠다' '이게 죽을라고…' 하는 분별을 일으키지 말고 그저 있는 그대로의 느낌을 가만히 지켜보는 것입니다. 지켜봄의 힘이 커지게 되면 꼬집는다는 그 자체에 그 어떤 싫다는 고정된 실체가 있지 않음을 바로볼 수 있게〔정견(正見)〕 될 것이며 그 느낌에 내가 흥분해 대응할 필요가 없음을 알게 될 것입니다. 의도적으로 그렇게 생각을 몰아갈 필요는 없습니다. 있는 그대로를 올바로 지켜보기만 하면 내면에서 저절로 저절로 그렇게 되어질 것입니다.

꼬집는다는 그 자체는 고(苦)도 낙(樂)도 아무 것도 아닙니다. 다만 인연 화합의 현상 그 자체일 뿐입니다. 꼬집는다는 그 자체에 어떤 고락이라는 실체가 있다면 상대방을 꼬집을 때도 내가 아파야 할 것입니다. 그러나 고정된 실체가 없기에 인연 따라 상황 따라 대상에 따라 아프기도 하고 아프지 않기도 한 것입니다. 나를 꼬집으면 아프고, 내 자식이나 부모를 꼬집어도 어느 정도 (마음이) 아프지만 전혀 모르는 상대를 꼬집으면 안 아프고 오히려 내가 싫어하는 상대를 꼬집으면 아프기보다 즐거울 수도 있는 것입니다. 꼬집는다는 그 자체에 어떤 고정된 실체가 없기 때문입니다. 올바로 지켜본다면 느낌의 노예가 되질 않게 됩니다. 그저 하나의 현상으로 지켜볼 뿐 그로 인해 마음에 그 어떤 분별을 일으키지 않게 됩니다. 그렇게 되면 이미 꼬집는다는 그 마음은 나에게 괴로움을 줄 수도 없으며 또 다른 업을 짓게 할 수도 없을 것입니다.

좋은 느낌에 대해서도 마찬가지입니다. 사랑하는 사람과 만나거나 키스를 했을 때(觸) 좋은 느낌이 일어납니다. 그 좋은 느낌을 지속하고 싶다는 마음으로 인해 우린 애욕과 탐심을 일으키며, 그로 인해 계속 만나고 싶다거나(意業) 또 키스하고 싶다(身業)에서 나아가 결혼하고 싶다, 사랑한다(口業)고 말하는 등의 각종 의지적 작용, 즉 업을 낳는 결과를 초래합니다. 그 결과 상대에 대한 애욕이 생기며 애욕은 집착으로 한 걸음 내딛게 됩니다. 마찬가지로 사랑한다는 마음만을 간직한 채 사랑을 이루지 못하고 죽게 되면 다음 생에서까지 그 업식으로 인해 다시 만나게 됩니다. 그래서 업이 생기고 윤회가 생기는 것입니다.

오직 지켜 봄에 머물어야 합니다. 다만 지켜 볼 때는 그저 '지켜 볼 뿐'이 되어야 함을 잊지 말아야 합니다. 그저 '할 뿐'입니다. 절대 그 외의 다른 분별을 일으키지 말아야 합니다. 또한 순간 순간 지켜 봄을 놓치지 않아야 합니다. '지금 여기'에 머물러야 합니다. 지금 여기를 놓치고 나면 이미 그 느낌은 닦이지 못한 채 과거나 미래로 멀어질 것입니다.

주관인 육근이 객관인 육경과 촉(觸)하는 순간을 놓치지 않아야 합니다. 그 순간을 놓치면 이미 우리의 마음은 십이연기(十二緣起)에서 말하는 다음 단계인 느낌(受), 갈애(愛), 집착(取)을 지나 한없는 번뇌와 고를 동반하여 새로운 존재를 낳는 윤회의 사슬에 묶이게 될 것입니다.

십이연기란 생로병사 괴로움과 윤회의 원인을 일어나는 단계별로 살펴본 교설인데 쉽게 말해 이 열두 가지 단계를 밟아 인간이 윤회하며 괴로움을 일으킨다는 것입니다. 다시 말해 십이연기의 어느 한 가지 단계를 소멸하면 열두 가지의 모든 지분이 소멸되어 버린다는 것입니다. 십이연기란 무명, 행, 식, 명색, 육입, 촉, 수, 애, 취, 유, 생, 노사입니다. 느낌 수행은 이 가운데 수(受, 느낌)의 단계에서 느낌 그 자체를 닦음으로써 다음의 지분인 애, 취, 유, 생, 노사…로의 흐름을 미리부터 소멸시켜 버린다는 의미를 가지고 있는 것입니다.

우리 몸을 구성하고 있는 물질적 정신적인 분류인 오온(五蘊)에서도 마찬가지입니다. 색, 수, 상, 행, 식이라는 다섯 가지 가운데 정신적 분류인 수, 상, 행, 식 중 '수(受, 느낌)'를 닦아내는 수행인 것입니다. '수'를 닦음으로써 수에 연이어 일어나는 상, 행, 식의 각종 정신 작용 또한 소멸될 수 있다는 것입니다. 즉, 느낌(受)이 일어나니 마음속의 분별(識)이 일고 그에 따라 의지 작용(行)이 일어나며 그 인연으로 표상작용(相)을 일으키기에 느낌을 있는 그대로 관함으로써 지혜(如實知見)가 일어나고 그에 따라 어리석은 분별, 행위, 표상작용 또한 소멸한다는 것입니다.

　일체의 모든 행동에도 마찬가지입니다. 오직 '할 뿐'이 되어야 하며 그 순간을 놓치지 말아야 합니다. 수많은 다른 분별을 일으키려는 순간 다시금 '할 뿐'으로 돌아와 순간을 온전히 지켜 볼 수 있어야 합니다. 부처님이나 밝은 수행자들과 우리네 중생들이 다른 점은 바로 이 점, 즉 느낌 다스리기에 있다고 할 것입니다.

　부처님이라고 느낌이 없는 것은 아닙니다. 즉 육근과 육경이 있는 한 두 가지가 촉(觸)하게 마련이고 촉이 있는 한 느낌은 있게 마련입니다. 그러나 부처님은 느낌을 올바로 관찰함으로써 느낌 다음 단계인 애욕, 집착 등으로 마음을 넘겨 보내지 않습니다. 느낌 그 자체를 온전히 관찰함으로써 번뇌로 연결되는 것을 능히 막게 됩니다.

　부처님께서는 이에 대한 좋은 예로 '두 번째 화살을 맞지 말라'고 하셨습니다. 범부들이나 수행자나 모두 세 가지 느낌을 일으킨다면 그 차이는 무엇인가 하는 의문에 부처님께서는 이렇게 답변하셨습니다.

　"비구들이여, 범부들은 싫은 느낌이 일어날 때 괴로움에 빠져 슬퍼하다가 점점 혼미해지느니라. 그것은 마치 첫 번째 화살을 맞고 다시 두 번째 화살을 맞는 것과 같으니, 그에 비해 수행자는 싫은 느낌을 받아도 비탄에 빠지거나 슬퍼하며 혼미해지지 않느니라. 나는 그것을 '두 번째 화살을 맞지 않는 것'이라고 이야기한다."

　다시 말해 꼬집힘을 당해서 오는 아픈 느낌이 첫 번째

화살을 맞은 것이라면 수행자는 마땅히 그 싫은 느낌을 올바로 관찰하고 다스려 더 큰 괴로움과 번뇌가 되도록 마음을 진행시키지 않음으로써 그저 흘려 보냄으로 두 번째 화살을 맞지 않게 된다는 것입니다. 즉 깨달음을 얻었다고 해서 모든 문제가 다 풀려 '싫은 느낌'이 오지 않는다는 것은 아닙니다. 부처님도 고수, 락수, 불고불락수를 모두 느끼지만 그 느낌에 빠지지 않는다는 것입니다. 부처님께서 열반을 앞두시고 열병에 걸리셨을 때의 그 괴로운 감각을 수행으로 닦아가신 것을 생각해 볼 일입니다.

그러나 중생들은 꼬집혀 싫은 느낌과 함께 두 번째 화살인 온갖 번뇌를 일으킵니다. 즉 상대를 미워하는 마음, 욕하고, 함께 꼬집고, 증오하는 등의 온갖 또 다른 업식을 만들어 가는 것입니다. 그 두 번째 화살을 맞지 않는 방법, 즉 경계를 맞아 탐진치 삼독심을 일으키지 않는 방법, 윤회의 원동력인 업식을 일으키지 않는 방법, 좋고 싫은 그 어떤 느낌 어디에도 걸리지 않는 방법, 그 방법이 바로 지켜 봄의 수행인 것입니다.

방하착 수행이 '집착'을 놓아 버리는 수행이라면 오히려 관(觀) 수행은 그 이전 단계인 '느낌'에 대해 관함으로써 애초부터 갈애며 집착이 생겨나지 못하게 막아 버리는 수행이라 할 것입니다. 물론 집착 이전 단계인 느낌 또한 놓아 버릴 것이며 이미 일으킨 집착이라도 있는 그대로 관하게 되면 초월할 수 있다는 점에서 놓음이 바로 관이며 관이 바로 놓음 수행이라 할 수 있을 것입니다.

단지 '바라볼 뿐'이다.

 우리는 평소 몸과 마음에서 일어나는 각종의 느낌들을 바로 보지 못하고 흘려 보내게 되고, 그렇게 흐르게 되면 좋은 느낌에는 애욕과 탐심을, 싫은 느낌에는 증오와 진심(瞋心)을, 또 좋지도 싫지도 않은 느낌은 방치함으로써 어리석음을 일으키게 되고, 그런 과정은 이윽고 애욕과 집착, 삼독심의 결과를 초래합니다. 그 결과 무수히 많은 좋고 싫은 등의 관념 혹은 편견의 틀을 형성하게 되고, 그렇게 형성된 관념을 뭉쳐진 실재적 개체로 인정하게 되어 거기에 '나'라는 관념을 개입시켜 '나'를 실체화하게 됩니다. 그것이 바로 '나다' '내 것이다' '내가 옳다' 라고 하는 아상(我相)인 것입니다.

 보고 듣고 맛보고 냄새 맡고 접촉하고 생각하는 '나'가 있다고 생각하게 됩니다. 그러나 우리가 생각하는 '나'라는 상(相)은 돌이켜 생각해 보았을 때, 각종의 '느낌'을 놓침으로 인해 연이어 애욕과 집착이 일어나고 여기에서 오는 물질적 정신적 인과 작용의 끊임없는 순환작용에 불과한 비실체적 허상에 불과합니다. 부처님의 근본교설에서의 '무아(無我)' 개념 또한 이러한 연유입니다.

이렇게 형성되어진 '나'라는 관념에서 시작되어 다시금 무수한 분별과 편견, 새로운 관념이 끊임없이 펼쳐집니다. 자신의 편견과 관념들을 고집하여 사실이라 받아들이지만 그 관념이란 우리들의 습(習)으로 무장된 헛된 관념에 불과합니다.

가만히 안과 밖에서 일어나는 일체의 모든 대상을 고요히 바라보십시오. 관(觀)함에 있어 머리 속을 어지럽히는 관념이나 생각의 늪에 빠지면 안 됩니다. 떠오르는 분별과 생각으로 대상을 관찰해선 안 됩니다. 관을 함에 있어 가장 중요한 것은 관념과 생각이 게재되지 않는 순수한 주시가 되어야 한다는 점입니다. 있는 그대로의 대상을 있는 그대로 볼 수 있어야 합니다. 관념이나 생각이 게재되면 또 다른 관념만을 만들어 낼 뿐입니다. 마치 색안경을 끼고 세상을 보는 사람처럼 저마다의 관념의 틀에 세상을 대입하여 보게 될 것입니다.

법당에서 '목탁'을 보여 주며 있는 그대로를 있는 그대로 편견없이 보라는 주문을 합니다. 그러나 대부분은 이전의 경험과 기억, 관념을 목탁에 투사하여 자신의 관념대로 목탁에 대한 분별을 이야기합니다. '목탁이다', '소리 나는 나무다', '둥글고 속이 빈 소리 나는 통이다' 하며 애써 편견없이 보려 하지만 우리네 관념의 틀은 너무나도 깊숙이 개입되어 있음만을 증명해 줄 뿐입니다.

목탁을 바라보는 순간 좋고 나쁜 분별 또한 일어납니다.

불교신자이며 목탁이 친근한 이라면 좋다는 느낌을, 또 타종교 신자라거나 심지어 산골짜기에서 자라 목탁채로 맞으며 자란 이가 있다면 싫은 느낌이 앞서게 될 것입니다. 그러나 어린아이의 순수한 시각에서 목탁을 바라본다면 '나무'라는 관념도, '소리' 난다는 생각도 '둥글다' '속이 비었다' '좋다' '싫다' 라는 관념도 없을 것입니다.

이렇듯 이전에 만들어 오던 고정된 관념을 빼고 사물을 바라보면 바라보는 그 순간의 느낌은 고요할 것입니다. 다만 '있는 그대로를 있는 그대로 바라볼 뿐' 입니다. 소리를 들어도 좋고 싫음이 아닌 그저 '들릴 뿐' 무엇을 보아도 그저 '바라볼 뿐' 냄새를 맡아도 그저 '냄새 날 뿐' 입니다. 이와 같이 육근의 모든 감각기관은 오직 '할 뿐' 이 되어야 합니다.

매일 만나는 직장의 상사를 만난다거나 가족, 친구를 만날 때에도 마찬가지입니다. '나쁜 상사' '싫은 친구' '좋은 사람' 하는 이전의 경험을 토대로 만들어 놓은 관념으로 상대를 대하기 때문에 늘상 관념의 늪에 빠져 그 대상에 휘둘리는 것입니다. 좋은 사람 만나면 행복하고 싫은 사람 만나면 괴롭고 그렇듯 대상에 내 마음이 놀아날 수밖에 없는 것입니다. 설령 미워하던 사람이 좋은 마음으로 일을 했더라도 내 마음의 편견 때문에 그렇게 쉽게 칭찬하지는 못할 것입니다.

이전에 만들어 두었던 관념에 휘둘리지 마십시오. 그저 일체의 모든 사물, 사람, 대상을 바라봄에 오직 고요할 수 있어야 합니다. 텅 비어 무엇이라도 받아들이고 담을 수 있도록 그런 열린 마음으로 세상을 바라보아야 합니다. 미워하던 사람, 싫어하는 음식, 도저히 못 할 일, 내 능력 밖의 일, 이 모든 것들은 어설픈 관념일 뿐입니다. 놓아 버렸을 때 잡히지 않던 일체를 들어 올릴 수 있습니다. 과거에 만들어 두었던 어설픈 관념을 현실로까지 가져 와 투영하지 마십시오.

우리의 삶에는 오직 '지금 여기'라는 현실만이 있을 뿐입니다. 과거에 만들어 두었던 관념의 틀은 아무런 필요가 없습니다. 오직 자신을 묶어두는 관념의 사슬이며 그로 인해 우리는 괴로움을 느껴야 할 것입니다.

지금 여기에서라는 현실에서 떠오르는 생각, 관념 그 자체의 '현상'은 현재의 실재이지만 그 관념과 생각을 파고 들어가 보면 이미 그것은 공(空) 그 자체입니다. 거짓된 분별이며 인연 따라 만들어진 허상일 뿐입니다.

'지금' '여기'라는 현실에서 일어나는 그 순간 몸과 마음의 '현상' 그 자체가 가장 참된 진실에 가깝습니다. 이미 지나갔거나 아직 오지 않은 것은 텅 빈 거짓 관념일 뿐 더 이상 진실일 수 없습니다. 거짓된 허상을 붙잡고 늘어져 봐야 아무 것도 얻을 것이 없습니다. 그러므로 '가장 가까운 참된 실재' 그 자체가 수행의 대상, 바라봄의 대상이 되어야 할 것입니다.

오직 '지금 여기'라는 '보다 가까운 실재'에 집중해야 합니다. 관찰하는 순간 미세하게 끼어드는 과거 혹은 미래로부터 오는 일체의 무수한 관념을 그저 순수한 객관이 되어 있는 그대로 알아차리고 녹여야 할 것입니다. 관념의 틀은 '나다' 하는 아상과 아집(我執)을 형성하지만 관(觀) 수행은 관념의 허상을 바로봄으로써 관념의 소멸, 아상의 소멸, 아집의 소멸을 돕습니다.

'진리'는 생각이나 관념 속에 있지 않고, 오직 현재 일어나고 있는 '현상' 속에 있습니다. 오직 대상인 '현상'과 현상에 대한 고요한 '관찰'만이 남아 있어야 합니다.

내가 변하면
세계가 변한다

내가 변하면 세계가 변한다

은혜 속에 살려지는 삶

'복 짓기'와 '복 받기'

보시(布施)하는 아름다움

마음 돌리기

남을 위한 기도

세상 모든 것은 안의 문제다

자족(自足)하는 삶

마음을 일으키면 법계가 움직인다

연기(緣起)의 생활 실천

느낌 나누기

자연과 나는 '하나'입니다

자기 한정과 무한능력의 주인공

내가 변하면 세계가 변한다

내가 변하면 세계가 변합니다.

힘들고 답답할 때면 우린 주위를 탓하기 쉽습니다. 선배의 나쁜 성격을 탓하고, 후배들의 안일함을 탓하며, 사람들의 무능력을 탓하면서 '나'에 대해서는 상당히 관대한 우리의 모습을 봅니다. 정작 탓해야 할 대상이 누구이며 관대해야 할 대상이 누구인지 올바로 보지 못하는 것은 참으로 안타까운 일입니다.

수행자의 진면목은 이 세상 모든 일은 '나'로부터 나온다는 지극히 평범한 진리를 올바로 알고 실천할 줄 아는 모습에서 나옵니다. 탓해야 할 '남'이란 있을 수 없습니다. 이기적인 동료들의 모습에서 나의 이기심을 볼 줄 알아야 하며 안일하고 게으른 이들의 모습을 보고 나의 나태함에 채찍질할 수 있어야 합니다.

나를 욕하거나 헐뜯는 사람, 나에게 발길질하는 사람들에게까지도 다투려 들거나 화를 내어서는 안 됩니다. 오히려 그렇게 거칠게 나타나는 환경이나 조건 이 모든 경계가 내 마음의 거울이라는 것을 알 수 있어야 합니다. 그리고는 얼른 '내가 바뀌어야겠구나' 하고 생각해야 합니다.

내 앞에 펼쳐지는 그 어떤 조건이며 경계들은 모두가 내 업식만큼의 모습들입니다. 내 마음 닦은 만큼의 경계들입니다. 내 안에 그러한 원인이 없다면 내 앞에 그런 힘겨운 경계가 펼쳐질 수가 없는 것이 인연의 도리입니다. 다시 말해 세상 모든 일들은 오직 내 안에서 나오는 일임을 알아야 한다는 말입니다. 누구도 나의 업식을 대신 지어줄 수 없으며 대신 받아줄 수도 없고, 있지 않은 것을 만들어 낼 수도 없습니다.

이 모든 주위 환경 속에는 내가 수억 겁을 살아오며 지은 모든 업장, 인연의 연줄이 올올이 아로새겨져 있습니다. 과거에 내가 한 말과 행동과 생각의 업식[身口意 三業]에 따라 현실에 나의 환경이나 조건이 주어지는 것입니다. 그렇기에 다가오는 경계에는 아무런 잘못도 있을 수 없습니다. 원망과 원한의 화살을 오히려 내 안으로 돌려야 할 것입니다.

지금 이 순간 내가 마음먹은 행동[신(身)], 언어[구(口)], 생각[의(意)] 하나하나는 곧 앞으로 올 미래에 현실로 다가온다는 것을 알아야 합니다. 우리의 마음은 능숙한 화가와 같아서 마음 먹은 대로 무엇이든 그려낼 수 있습니다. 현실이라는 종이 위에 몸과 입과 생각이라는 붓으로 마음속에 가지고 있는 모든 것을 그려 낼 수 있습니다.

그렇듯 내가 짓고 내가 받는 것이기에 상대를 바꾸는 것 또한 나만이 할 수 있습니다. 나의 마음은 능히 상대를 바꿀 수 있습니다. 나의 마음이 바뀌면 '상대'의 마음도 바뀌게 마련입니다. 모든 문제의 중심은 오직 '나'에 있습니다. 바꾸어야 할 '너'란 있을 수 없습니다.

내가 변하면 '상대'가 변합니다. 내가 변하면 가정이 변합니다. 내가 변하면 사회가 변합니다. 내가 변하면 세계가 변하고 우주가 변합니다. '남'을 위해, '이웃'을 위해 기도하는 밝은 마음을 내어 주세요. 마음 속에 상대를 위한 지극한 원을 세우고 그들을 편견 없이 맑은 눈으로 바라보십시오.

그들이 바로 나의 부처님이십니다. 나에게 욕하는 선배 부처님, 눈치만 살피며 게으른 후배 부처님, 열심히 공부하는 친구 부처님, 걸핏하면 화만 내는 직장상사 부처님, 집에 있는 남편이며 부모님 또 자식 부처님, 이 모든 분들이 나를 이끌어 주는 참 부처님이십니다.

부처님을 바꾸려고 하는 것은 어리석은 것입니다. 오직 밝으신 부처님들 공양 공경하는 데에 정진하기만도 많이 바쁩니다. 그리고 이제 남은 것은 어리석은 '나'를 돌려 세상을 맑고 향기롭게 바꾸어 나가는 것입니다.

은혜 속에 살려지는 삶

 뒷산 언덕에 나지막이 서 있는 작은 소나무 한 그루의 하늘 같은 은혜를 떠올려 봅니다.

 아침 발우 공양 때 올라온 쌀 한 톨과 인연 닿은 수많은 이들의 은혜, 주말이면 어김없이 밝은 기운 넘치는 부처님 도량을 찾아 주는 나의 따뜻한 수행 도반들의 향기로운 은혜, 이 모든 맑고 향기로운 은혜 속에 '나'는 무한히 살려지고 있음을 가만히 명상해 봅니다. 이 세상 크고 작은, 현명하고 어리석은, 잘나고 못난, 생명 있고 없는 이 모든 존재의 따사로운 은혜에 대해서 고요히 명상해 봅니다.

 가깝게는 부모님, 형제, 친척에서부터 주위 도반이며 스승님, 그리고 선후배, 조금 멀게는 이 세상 모든 이들의 은혜로 인해 비로소 진정한 '나'를 만날 수 있습니다. 나아가 저 태양과 하늘, 별과 달의 은혜, 물과 나무의 은혜 그리고 그 속에 감격스레 살아 꿈틀대고 있는 작고 하찮은 미물들에 이르기까지, 이 모든 생명의 은혜가 지금의 '나'를 무한한 참 생명의 기운으로 살려지게 하고 있음을 봅니다.

이 세상 어느 누구도 절대 홀로 '나'일 수는 없습니다. 이웃이 있기에 내가 있고, 내가 있기에 이 우주 만물이 존재할 수 있는 것입니다. 아무리 하찮게 여기던 작은 미물일지라도 나를 나일 수 있게 만드는, 나를 무한히 살려주고 있는 은혜로운 존재인 것입니다. 많은 사람들은 제 스스로 세상을 살고 있다고 생각하는 듯 여겨집니다. 자신의 능력이 출중하여 이만큼 먹고 살고 있다는 생각들 말입니다. 그러나 조금 시야를 넓혀 우리가 살고 있는 이 감격스런 인연들이 저 혼자가 아닌 더불어 어우러지고 있음을 살펴본다면 우리의 편협했던 안목에 많은 반성을 하게 될 것입니다.

내가 돈 벌어 내가 쓰는 것이고, 내가 잘났으니 이 정도 지위에 오를 수 있는 것이라는 등의 '내가…'라는 말은 너무도 어리석은 생각입니다. 나 혼자가 아니라 이 모든 존재의 작은 은혜 은혜들이 모여 살려질 수 있는 것입니다. 결국 내가 살아가는 것이 아니라 모든 존재의 은혜로 인해 지금 이 순간도 무한히 살려지고 있는 것임을 볼 수 있어야 합니다.

내가 살아간다고 하면 이기적이며 자기 중심적이 되기 쉽습니다. 그러나 일체 만물, 일체 중생의 따사로운 은혜로 인해 살려지고 있다는 삶의 실상을 올바로 볼 수 있게 되면 일체 중생을 '나'의 또 다른 모습으로 볼 수 있게 됩니다. 그러므로 그들은 내 삶의 경쟁자가 아닌 있는 그대로 '나'와 둘이 아닌 존재가 되어 버립니다. 나를 사랑하는 만큼 그들을 사랑할 수 있게 됩니다. 그것이 바로 부처님께서 말씀하신 동체대비(同體大悲), 자비(慈悲)의 참된 가르침인 것입니다.

 우리는 모두가 제각각이 아니라 서로가 서로를 무한히 살려주는 감격스런 한 가족이며 한 생명인 것임을 올바로 자각했을 때 나의 삶은 비로소 밝은 빛으로 거듭날 것입니다.

'복 짓기'와 '복 받기'

　부처님은 '지혜'와 '복덕'을 구족하신 분이십니다. 삼귀의에서 '귀의불 양족존'의 '양족(兩足)'도 지혜와 복덕을 의미하는 것입니다. 생활 속에서 복덕을 쌓아가고 진지한 수행과 통찰을 통해 '지혜'를 쌓아가는 두 가지 행위야말로 수행자의 당당한 마음의 뿌리입니다.

　그 중에 생활 속에서 쉽게 할 수 있는 수행은 무엇보다 '지혜'의 뿌리인 복덕을 쌓아가는 일이 아닐까 합니다. 복이 있어야 '지혜'를 쌓을 수 있는 토대가 잘 형성될 수 있기 때문입니다. 오늘은 이 복덕에 대해 이야기해 볼까 합니다.

　세상을 사는 데 있어 우리가 신구의(身口意)로 짓고 있는 모든 행위는 크게 두 가지로 나누어 볼 수 있을 것입니다. 다시 말해 세상을 살아가며 일체 모든 일을 행함에 있어 두 가지로 그 마음을 돌려서 생각할 수 있다는 것입니다. 힘들고 괴로운 상황은 '복을 짓는 일'이며 행복하고 즐거운 상황은 '복을 받는 일'이라고 말입니다.

해를 보는 것같이 느껴질 때, 억울함을 당했을 때, 그리고 내가 한 일의 양에 비해 적은 보수를 받았을 경우 등 이처럼 힘들고 괴로울 때 그 마음을 항복받기 위해 지금의 이 상황을 '복을 짓는 생활이구나', '복을 짓고 있구나' 하며 올바로 그 마음을 돌려야 합니다. 당장은 손해보며 괴로운 상황이지만 이것이 바로 복을 짓는 행위라는 것이지요.

또한 둘째로 내가 한 것보다 많은 양의 보수와 칭찬을 받았을 때, 행복하고 즐겁다고 느껴질 때 이 때에도 그 기쁜 마음에 들떠 있기보다는 그 들떠 있는 마음을 항복받기 위해 이것이 '복을 받는 생활이구나', '복을 받고 있구나' 하며 올바로 돌려 그 행복감에 안주하지 말아야 합니다.

은사스님께서는 이 두 가지 생활 중에 5분의 4는 '복을 짓는 생활'을 그리고 5분의 1은 '복을 받는 생활'을 해야 한다고 하셨습니다. 복을 받는 것은 저축했던 것을 쓰는 생활이요, 복을 짓는 것은 저축하는 생활이기 때문입니다. 물론 창조적이고 자기 개발적인 사람이라면 당연히 '복 짓는 생활'을 더욱 열심히 해야 할 것입니다.

이렇게만 마음을 잘 돌릴 수 있다면 아무리 힘들고 괴로운 일을 하면서도 행복감을 느낄 수 있을 것입니다. 힘들 때는 복 짓는 것, 행복할 때면 복 받는 것, 이처럼 생활한다면 우리 생활의 양극단인 괴로운 삶과 즐거운 삶 모두를 잘 조복(調伏)받을 수 있습니다. 이것이 바로 양극단을 초월하여 올바른 길을 갈 수 있는 중도(中道)의 실천행이 아닐까 생각해 봅니다.

복 짓기 좋아하는 사람의 과보는 행복이며 천상이요, 복 받기 좋아하는 사람의 과보는 불행이며 지옥입니다. 이렇듯 일체의 행위, 일체의 상황을 복 짓고 받는 두 가지로 돌릴 수 있다면 우리의 삶은 더욱 윤택해 질 것입니다. 언제나 밝은 마음으로 살아갈 수 있을 것입니다. 어떤 상황도 이 두 가지에 포함되지 않는 경우는 없기 때문입니다.

복 짓는 생활은 그 순간 고통이 따르지만 너무도 밝은 일이며 복된 일입니다. 복 받는 생활은 그 순간 행복하고 기쁘지만 그 동안 저축해 놓았던 복을 까먹는 삶입니다. 힘들고 괴로울 때 내 주위를 환경을 그리고 사람들을 탓하기보다는 '이것이 복 짓는 일이지.' 하며 마음을 다스리시길 바랍니다.

이와 같이 마음을 돌릴 수 있다면 앞으로 펼쳐질 인생의 그 어떤 경계라도 기분 좋게 받아들일 수 있게 될 것입니다. 힘겹고 괴로운 일은 '복 짓는 일' 행복하고 편한 일은 '복 받는 일'이라고 한다면 어찌 복 받는 일에만 행복해 하겠습니까. 오히려 힘들고 고된 일을 하며 '복 짓는 일'이라는 데에 더 큰 행복을 느낄 수 있을 것입니다.

이와 같이 마음 닦는 수행자에게 이 세상은 참으로 밝은 수행터이며 복밭이 될 것입니다. 어떤 상황 속에서도 마음은 자유롭고 당당할 수 있을 것입니다. 그 마음 그대로 부처님 밝은 마음입니다.

보시하는 아름다움

보시(布施)하는 것처럼 쉬우면서도 어려운 것이 또 있을까 하는 생각을 해 봅니다. 보시야말로 생활 속에서 불교를 실천할 수 있는 최고의 실천 수행입니다. 모두들 '생활 속의 불교… 생활 속의 수행…'을 찾지만 막상 가르쳐 주고 나면 실천을 못하는 경우가 대부분입니다. 보시라는 수행이 그렇습니다. 보시는 불교 수행의 핵심입니다. 불교를 지혜와 자비의 종교라고 합니다. 지혜를 증득했을 때 자비가 일어나고 이 두 가지의 수행심이 보시라는 실천행을 불러옵니다.

『금강경』에서는 "범소유상(凡所有相) 개시허망(皆是虛妄) 약견제상비상(若見諸相非相) 즉견여래(卽見如來)"라 하여 "무릇 상(相)이 있는 것은 모두 허망한 것이니 만약 모든 상이 상이 아님을 바로 본다면 부처를 볼 것이다"라고 말하고 있습니다. 다시 말해 상을 깨는 것이 바로 깨달음임을 말하고 있는 것입니다. 상에는 아상(我相)이 근본이며 아상에는 '내 것이다' 하는 물질적 소유의 관념과 '내가 옳다' 하는 정신적 고정관념이 있다고 하였습니다. 이 중

'내 것이다'라고 하는 소유의 관념인 아상을 깨는 수행이 바로 '보시'인 것입니다.

보시의 수행을 통해 우리는 깨달음에 이를 수 있습니다. 보시의 수행은 다만 복 짓는 데에서 머무는 것이 아니라 아상을 타파하여 깨달음에 이르는 근본이 되는 수행인 것입니다. 그야말로 일하며 수행하는, 실천하는 생활 속의 수행자가 할 수 있는 가장 훌륭한 수행인 것입니다.

또한 보시는 연기법의 실천이기도 합니다. 불교의 핵심 사상을 연기법이라 합니다. '나'는 홀로 나일 수 없습니다. 이 세상 모든 존재의 티끌만큼도 오차가 없는 상호 인연들, 사람들, 존재들 그 중심에 '나'가 있습니다.

그러므로 너와 나는 둘이 아닙니다. 연기하기에 실로 너와 나는 둘이 아닙니다. 이 세상 그 누구도 나와 인연되지 않은 이가 없으며 그 어떤 작은 티끌 속에서도 나의 인연을 찾을 수 있습니다. 그렇듯 '나'는 지금의 이 모습, 이 생각, 이러한 외모를 가진 작은 존재로서의 나가 아니라 '전체로서의 나' 연기하는 존재로서 일체로서의 나 입니다. 그렇기에 연기를 깨닫게 되면 이 세상 그 어떤 존재도 '나' 아님이 없게 됩니다. 그 속에서 너와 내가 둘이 아니라는 동체대비심(同體大悲心) 자비심이 일어나는 것입니다.

실로 깨닫고 나니 너와 내가 둘이 아니게 됩니다. 나와 자연 만물이 둘이 아닙니다. '내 것' '네 것'의 분별이 있을 수 없습니다. 나와 너 그리고 만물이 둘이 아니라면 내가 네게 무엇을 '보시했다'라는 상을 낼 수도 없을 것입니다. 그렇기에 삼륜청정(三輪淸淨)이라 한 것입니다. 즉 누가, 누구에게, 무엇을 보시했다는 생각이 모두 비워진 보시를 해야 한다는 것입니다. 이것이 바로 '무주상보시(無住相布施)'이며 이런 보시의 수행이 '보시바라밀'인 것입니다.

주고 나면 아깝지만 가만히 명상을 하며 보시를 한다면 그 맑음에 마음이 비워질 것입니다. 그 밝은 행위로 우리는 더욱 청정해 질 것입니다. 우리의 수행력은 나날이 높아만 갈 것입니다. 본래 내 것이 없었기에 주어도 없어진 것이 없습니다. 본래 모든 것은 그저 그대로 그 자리에 있을 뿐입니다. 텅 비어 있을 뿐입니다.

분별을 일으키는 마음이 '내 것'이란 어리석음을 일으킵니다. 본래 모든 것이 내 것인데 이만큼만 내 것이다 라고 소유의 울타리를 쳐 놓으니 그만큼만 내 것이 됩니다. 진정 모든 것을 가질 수 없게 됩니다. 울타리를 걷어 버리세요. 존재하는 모든 것이 내 것이 됩니다. 아니 내 것, 네 것도 아닌 그저 있는 그대로 여여해 집니다. 무소유가 전부를 소유하는 것입니다.

오늘 따라 법정 스님의 크신 삶이 너무도 마음 가득 다가옵니다. 아무 것도 소유하지 않았지만 세상을 소유하고 사시는, 가진 것 없이 텅 비어 있지만 어느 한 곳 꽉 차여 있지 않음이 없는 깨달음의 맑고 향기로움이여….

마음 돌리기

 우리의 삶에서 마음 씀씀이를 배우는 것은 참으로 소중한 공부가 아닐까 생각합니다. 마음을 어떻게 쓰는가에 따라 같은 조건 속에서도 같은 환경 속에서도 어떤 이는 지옥이 될 수 있지만 어떤 이는 천상이 될 수도 있기 때문입니다. 마음을 자유롭게 쓸 수 있는 사람이 참으로 당당한 수행자입니다.

 내 마음인데 내가 자유롭게 써야지 다른 경계에 이끌린다면 그건 내 마음 떳떳한 주인공이 아닌 노예의 나약한 마음일 것입니다. 이 마음을 자유롭게 쓰는 방법, '마음 돌리기'의 가르침을 깨우치게 된 작은 인연이 있었기에 적어 볼까 합니다.

 한번은 논산 군법당 법회에 참석키 위해 은사스님을 모시고 고속도로를 달리고 있었습니다. 법회 시간은 다가오는데 갑자기 차가 밀리기 시작하는데 마음이 얼마나 조마조마하던지 조금만 더 밀리면 법회에 늦을 것 같았습니다. 약 5,000여 명의 장병들이 은사스님의 설법을 듣기 위해 모여 있을 것을 생각하니 더욱 걱정이 되었습니다.

이런 내 마음과는 다르게 은사스님은 시종 편안하셨습니다. 그러더니 '허허'하고 웃으시면서 "법계에서 허기진 배를 채우고 우렁차게 설법하라고 밥 때를 챙겨주시는구나." 하시며 밥을 달라고 하셨습니다. 항상 만행 중에는 도시락을 싸가지고 다녔지만 시간이 모자라 못 먹고 굶을 때가 다반사였답니다. 그러시고는,

"법상아! 수행자는 법계를 써먹을 줄 알아야 되는 게야.. 일체 법계가 나를 도와주는 도리를 알아야 하는 게지. 마음을 어떻게 돌리느냐에 따라 그 어떤 경계도 나를 도와주는 부처님의 나툼이 될 수 있는게지. 마음을 돌리고 나면 모든 것이 내 편이야."

은사스님의 벽력 같은 말씀에 조금씩 조바심나는 마음을 돌리고 나니 마음이 한결 편안해 졌습니다. 그리고 빨리 가야 한다는 착을 놓아버리고 밀리는 도로 사정에 대해서도 공양하라는 것으로 마음을 돌리고 나니 이내 고요해졌습니다. 옆에 계시던 보살님께서, 10여 년 스님을 모시고 다녔지만 한 번도 차가 막혀 법회에 늦은 적이 없었으니 걱정 안 해도 될 거라며 안심을 시켜 주기도 하셨습니다. 그리고는 공양을 끝내었는데 거짓말처럼 차가 뻥 뚫리는 것입니다.

은사스님께서는 하하하 웃으시며 노래를 부르셨습니다. 우리 제자들 공부시키라는 법신 부처님 나툼이라며 그렇게 소탈한 웃음을 지으셨습니다. 그렇게 마음을 돌려 '착' 되는 마음을 놓아버리면 비로자나 법신 부처님께서 법계

에 나투어 그 고요하게 놓여진 마음이 시키는 대로 그저 그렇게 여여하게 되어지게 된다는 것입니다. 그 마음은 너무도 맑고 향기롭기 때문입니다.

어떤 경계에서도 마음을 돌리고 나면 모두가 부처님의 나툼이라는 소중한 가르침을 알았습니다. 그리고는 눈물이 나도록 은사스님께 감사를 드렸습니다. 스님을 향한 감사의 예를 마음 속으로 가만히 드려 보았습니다. 그 어떤 외부 경계도 경계가 괴로운 것이 아니라 그로 인해 바로 '내 마음'이 괴로운 것입니다. 그렇기에 바꾸어야 할 것은 그 외부의 '경계'가 아니라 바로 '내 마음'인 것입니다. 내 마음 돌리면 모두가 천상입니다. 내 마음 돌리면 모두가 행복입니다.

'마음 돌리기' 수행자의 당당함이 여기에서 나오는 듯 합니다. 하는 일이 잘 안 되더라도 '부처님께서 더 잘하라고 채찍하시는구나' 하고 마음을 돌려 보면 어떨까요? 잘 안 되는 속에 잘 되어짐이 있고 괴로움 속에 행복해질 수 있는 너른 길이 있고 답답함 속에 훤칠하게 뚫려 있는 확연함이 있음을, 안 되는 것도 되기 위해 안 되는 것임을, 그렇게 믿고 맡기며 내 안에 있는 부처님 참 생명 주인공 자리에 모든 것을 내던져 보시기 바랍니다. 마음 공양이 최고의 공양입니다.

"아무리 일이 잘 안 풀리더라도 그것에 화를 내고 분별심 낼 것이 아니라 그 일을 좋은 쪽으로 마음을 잘 돌리면 모든 일이 풀리게 되어 있는게야. 법계는 그런 사람을 위해 돌아가기 마련이지."

은사스님의 말씀입니다. 어떤 상황에서도 나약해 질 것이 아니라 오히려 그 상황을 잘 써먹으라는 말씀이십니다. 우주 법계의 주인이 되라는 말씀이십니다.

또 한 가지 오래 전 제 가족의 이야기를 할까 합니다.

누님에게 남동생이 크게 다쳤다고 연락이 왔었습니다. 턱뼈가 부러지고 이빨이 나가는 바람에 약 8주의 진단이 나오고 치료비용도 약 2천만원이 넘게 들 것이라고 하며 걱정이었죠. 부모님이 얼마나 걱정하실까 하여 위로를 드리려고 전화를 했답니다. 당연히 망연자실하여 괴로워하실 것을 염려하였으나 전화를 드리자 오히려 나에게 고맙다고 몇 번이고 하시며 "우리 아들스님이 기도해 준 덕분에 그나마 더 잘못될 수 있을 것이 이 정도였다."고 하시며 꿈 이야기를 들려 주셨답니다. 제 동생이 다치던 날 꿈에 제가 나타났더라고 말입니다.

스님이 된 이후로 한 번도 나타나지 않았는데 그날 마침 꿈에 나타난 것이 동생을 구하려고 한 것이었으리라고 믿으시며 그나마 이 정도인 것에 대해 부처님께 감사하는 마음을 짓고 계셨던 것입니다. 저는 어머님의 전화를 끊고 참으로 얼마나 감사드렸는지 모릅니다. 관세음보살님의 나툼도 이럴 수 있을까 하며, 초등학교도 나오지 못하신 어머님이시지만 마음만은 이렇게도 순수하구나 하고 말입니다.

이런 마음을 내지 않고 걱정하시며 가만히 잘 있을 놈이

다쳐 왔다고 한탄을 하며 괴로워한다면 부모님의 마음은 상대적으로 지옥이지만 이렇게 마음을 돌려 감사하는 마음을 가지는 것은 부처님의 마음을 자꾸 연습하는 것입니다. 이렇듯 같은 경계가 닥쳐도 그것에 꼼짝 못하고 이끌려 마음을 빼앗기고 괴로워하는 사람이 있는가 하면 그 경계를 돌려서 내가 주인이 되어 슬기롭게 이겨내는 사람도 있는 것입니다.

이것은 분명 인생을 살아가는 데 있어서 상당히 중요한 문제입니다. 내가 우주 법계의 주인이 되어 그 속에서 일어나는 온갖 인연생기한 무상한 경계들을 주체적으로 이끌고 나아갈 것인가 아니면 거대한 우주의 인연의 고리에 이끌려 노예의 삶을 살 것인가 하는 중대한 문제인 것이지요.

마음을 돌리면 인생은 괴로움이 아닙니다. 모든 경계에 나의 마음을 올바로 돌리면 모든 경계가 수행의 재료가 되고 나를 도와주는 경계가 되는 것입니다. 새옹지마(塞翁之馬)라는 말처럼 인생에 있어서의 길흉화복은 언제나 바뀌게 마련입니다. 또한 지금 당장에는 불행이라 느끼는 것도 마음을 어떻게 돌리느냐에 따라 보다 나은 행복을 위한 과정이 되어질 수 있습니다. 어떤 조건 속에서도 마음 닦는 이의 마음은 언제나 고요하고 평온합니다.

남을 위한 기도

　남을 위해 기도합시다. 내 주위 다른 사람을 위해 기꺼이 맑은 '한마음'을 내어 줍시다. 언제나 '나'를 위하고 '나'를 치켜세우려는 이기적인 마음이 우리를 괴롭게 만듭니다. 이기적인 마음은 잠시 나를 기쁘게 할 수 있지만 그 마음은 잠시일 뿐 크게 보면 내 복을 한없이 갉아먹는 어리석음입니다. 이타적이며 헌신적인 마음은 당장에 힘들고 손해보는 것 같아도 넓게 보면 내 복을 한없이 증장시키는 지혜입니다.

　남을 위한 이타적인 마음을 많이 내면 그에게 축복됨은 물론이지만 먼저 내 마음이 맑아집니다. 남을 위해 기도하지만 그 기도하는 마음은 남의 마음이 아니라 바로 내 마음이기 때문에 먼저 나의 마음이 맑고 향기로워 지는 것입니다.

　이 세상 그 어디에도, 그 누구에게도 부처님의 마음은 항상 머물러 있기 마련입니다. 가장 싫어하는 직장 상사의 마음에도, 나를 괴롭히는 친구의 마음에도, 돈 떼먹고 달아난 이의 마음에도 나의 부처님은 뚜렷이 머물고 계십니다. 그렇기에 그들을 위해 기도해 주는 그 맑은 마음이 우주 법계의 모든 부처님께 올리는 최고의 공양입니다.

내게 잘해 주는 이에게는 누구라도 이타적일 수 있습니다. 그러나 정작 나를 괴롭히는 이에게 하는 작은 이타심은 너무도 힘이 듭니다. 부처님 마음 연습하는 것이 이렇게 힘이 듭니다.

오늘은 미워하는 이와의 나쁜 인연을 끊는 행을 해 보기로 합시다. 누구든 내 주위에 싫어하는 사람이 있을 것입니다. 욕하고 미워하고 그래 보지만 마음이 시원하지 않을 것입니다. 욕하고 미워하는 그 마음은 내 마음이기에 내가 답답한 것입니다. 이제 그를 위한 기도를 시작하기 바랍니다. 진심으로 그를 위해 기도해 주어야 합니다. 그는 나의 부처님입니다. 나의 악한 마음이 그의 행동에 비쳐진 것입니다. 그의 행동에서 나의 악심을 볼 수 있어야 합니다.

진심으로 하루 이틀 계속해서 그를 위해 기도해 주세요. 몇 번이고 그에게 다가가 칭찬을 해 주고, 맛있는 것도 사 주고 따뜻한 말 한마디 건네는 수고로움도 훌륭한 나의 마음 닦는 수행이며 기도입니다. 순간 순간 '저 놈은 나쁜 놈인데…' 하는 마음이 올라올 것입니다. 바로 그 순간 '관세음보살…' 하며 부처님께 다시 기도를 드립니다.

"저 분이 나를 성숙시키는 부처님이십니다. 이런 나쁜 모습으로 기꺼이 나투어 주신 부처님의 하늘 같은 은혜에 깊이 감사드립니다."

남을 위해 기도하는 그 마음에 나를 위한 이기심은 녹아내릴 것입니다. '나'를 치켜세우기 위한 아상이 녹아내릴 것입니다. 불교는 이 지독한 아상(我相)과의 전쟁입니다. '나다' 하는 아상이 있기 때문에 모든 괴로움이 나오는 것입니다. 괴로움의 주체는 바로 '나'이기 때문입니다. 그러나 부처님께서는 '나'의 실체를 무아(無我)라고 하셨습니다. 아상을 비워야 한다고 하셨습니다. 내가 있기에 나를 치켜세우려 하고 내가 높아지고 싶은데 잘 되지 않으니 분별이 일어나고 괴로움이 일어납니다.

그렇기에 수행자는 자신과의 싸움에서 이겨야 하는 것입니다. 아상과의 싸움에서 이겨야 하는 것입니다. 이런 아상을 비워 버리는 데 가장 훌륭한 수행이 '남을 위한 기도'입니다. '나'를 모두 비워 버리고 진정 '남'을 위해 나를 낮추고 비우고 상대방을 한없이 높여 주는 가운데, 상대방을 향해 지극한 마음으로 기도하는 그 속에 진정 '참나'는 한없이 드러나는 것입니다.

오늘도 수행자는 기도를 합니다. 남을 위한 간절한 기도를….

세상 모든 것은 안의 문제다

인도 북부 라닥 주. 해발 4,500m 고지대에 티벳 스님들이 깊은 선정에 들어 있는 모습이 한없이 고요합니다. '오~옴 마니 반메훔' 낮은 염불소리가 은은히 깔리며 가슴을 시원하게 만드는 노스님의 음성이 들려옵니다.

"세상 모든 것은 안의 문제다."

대우자동차의 미니밴 '레조'의 광고 카피입니다. 달라이라마의 수제자로 잘 알려진 티벳스님의 참선모습을 담은 맑고 향기로운 광고가 일상에 찌든 우리의 시선을 잠시 시원하게 끌어주고 있습니다.

처음 그 광고를 대하며 하마터면 눈물이 날 뻔할 그런 찡한 감동을 느꼈습니다. 이 작은 멘트 속에 어찌 이리도 많은 것을 담고 있는지. '세상 모든 것은 안의 문제다.' 아직도 그 여운이 남아 있는 듯 가슴 뭉클합니다.

그 동안 우리들의 마음 속에 세상 모든 것들은 밖의 문제로 돌리기 쉬웠습니다. 사회를 탓하고, 부모님을 탓하고, 나쁜 머리를 탓하고, 남들을 탓하며 그 작은 나를 내세우려 노력하는 안타까운 모습들… 그 어리석은 삶의 모습이 바로 우리의 모습이었습니다.

그러나 가만히 명상해 보면 세상 모든 것은 '나'의 문제입니다. '안'의 문제입니다. '우리 집은 왜 이렇게 가난한 거야', '난 왜 이렇게 되는 일이 없지', '불쾌한 직장 상사 저 놈만 없었어도', '난 왜 이렇게 못생겼지' '내 머리는 왜 이렇게 나빠' 그러나 나를 이루고 있는 이 모든 것들은 다름 아닌 내 안의 문제임을 다시금 돌이켜 봅시다. 모든 것을 내 안의 문제로 돌려 놓고 나면 그렇게도 고요해 집니다.

삼세인과경에 나와 있지 않던가요? 굶주리고 헐벗는 자는 전생에 돈 한푼 남에게 보시하지 않은 인과이며, 홀아비 신세는 전생에 남의 여자를 간통한 과보이며, 말과 소의 축생 인연은 전생에 남의 빚 갚지 않은 연고이며, 난쟁이의 인연은 전생에 경전을 함부로 대하며 흙바닥에 던진 탓이며, 목소리가 좋지 않은 자는 전생에 욕설을 잘한 연고이고, 절세가인 잘생긴 사람은 부처님 전에 꽃공양을 올린 공덕이라, 잘나고 못난 것도 모두 내가 지은 인연입니다. 좋은 일, 나쁜 일도 모두 내가 지은 인연입니다.

인과의 법계는 0.1%의 오차도 없습니다. 내 주위에서 벌어지는 모든 일들이, 모든 조건들이 바로 '나'에게서부터 나온 것임을 올바로 아는 것이 연기법을 올바로 아는 것입니다. 수행자가 받아들여야 할 첫 번째 진실이 바로 세상 모든 것은 안의 문제임을 믿는 것입니다. 모든 것이 내 문제임을 믿는 것입니다.

세상 모든 것이 나에게서 나온 것이니 바꾸어 말하면 그 어떤 일도 내가 할 수 없는 것은 없습니다. 내가 내 삶을 창조해 내는 조물주이며, 신이기도 한 것입니다. 안의 문제이기에 안이 바뀌면 밖도 바뀌게 마련입니다. 싫어하는 다른 친구의 마음을 바꾸려 하기보다 내가 먼저 웃고 먼저 다가서고 그를 위해 기도해 주는 따뜻한 마음을 낸다면 그는 바뀌게 마련입니다. 나쁜 나의 환경을 탓하기보다 내 스스로 밝은 마음 짓고 열심히 수행 정진하면 내 주위가 부처님의 밝은 도량으로 기꺼이 바뀌어 줄 것입니다. 세상 모든 것은 바로 내 안의 문제이기에 안이 바뀌면 세상도 바뀌는 것입니다.

또한 그 어떤 어려운 삶의 의문일지라도 안으로 되돌려 놓고 나면 시원스레 해답이 나오게 마련입니다. 삶의 어떤 괴로운 경계라도 내 안에 되돌려 놓고 나면 그만입니다. 세상 그 어떤 것도 안으로 안으로 되돌려 놓아가는 삶이 진정 수행자의 살아가는 모습입니다.

참선도 염불도 관(觀)도 방하착(放下着, 놓음)도 이 모든 것이 안에서 찾는 수행, 안을 밝히는 수행입니다.

자족(自足)하는 삶

부처님께서 말씀하셨습니다.

"여러 수행자들이여, 욕심이 많은 사람은 이익을 구함이 많기 때문에 번뇌도 많지만, 욕심이 적은 사람은 구함이 없어 근심 걱정도 없습니다. 욕심을 적게 하기 위해서도 힘써 마음을 닦아야 할테지만, 그것이 온갖 공덕을 낳게 함에 있어서이겠습니까? 욕심이 적은 사람은 남의 마음을 사기 위해 아첨하지 않고 모든 감관에 이끌리지 않습니다. 또 욕심을 없애려는 사람은 마음이 편안해서 아무 걱정이나 두려움이 없고, 하는 일에 여유가 있어 부족함이 없습니다. 그래서 열반의 경지에 들게 되니 이것을 가리켜 '소욕(少欲)'이라 합니다.

만약 모든 고뇌를 벗어나고자 한다면 마땅히 만족할 줄 알아야 합니다. 넉넉함을 아는 것은 부유하고 즐거우며 안온합니다. 그런 사람은 비록 맨땅 위에 누워 있을지라도 편안하고 즐겁지만, 만족할 줄 모르는 사람은 설사 천상에 있을지라도 그 뜻에 흡족하지 않을 것입니다. 만족할 줄 아는 사람은 가난한 듯하지만 사실은 부유합니다.

이것을 가리켜 지족(知足)이라 하는 것입니다."

읽으면 읽을수록 너무나도 진한 감동이 밀려옵니다. 지금 이 자리에 펼쳐진 있는 그대로의 나의 모습에 한없이 감사할 수 있는 이의 마음은 너무나도 행복할 것입니다.

우리는 대부분 보다 많은 것을 원하고 보다 나은 사람을 부러워하며 끊임없이 무언가를 갈구하며 살아가고 있습니다. 원하는 바가 채워졌을 때 우린 행복해 하며 부처님을 향해 감사하는 마음을 가집니다. 원하는 바가 이루어지지 않을 때 우린 불행을 느끼며 부처님도 하느님도 모두를 원망하게 됩니다.

지금 이 자리에서 행복을 느낄 수 있어야 진정한 수행자라 할 수 있습니다. 조금만 더, 조금만 더, 조금 더 충족된 후에 느낄 행복은 진정한 행복이 될 수 없습니다. 그것은 욕망의 충족에 의해 얻은 순간적 행복이기에 그렇습니다. 이익을 구하는 마음이 많은 이는 그만큼 구하는 마음으로 인해 번뇌도 많아집니다. 그러나 욕심이 적은 이는 그만큼 근심 걱정에서 자유로울 수 있습니다. 욕심이 적은 그 마음에서 무한한 공덕이 나온다는 부처님의 말씀을 현실에서 실감할 수 없음이 안타깝습니다. 욕심이 적은 이는 바로 지금 내게 주어진 있는 그대로의 현실에서 만족하며 무한한 감사를 느끼게 됩니다.

법우님께서 원하는 삶의 목표, 인생의 가치는 무엇입니까? 경제력, 권력, 지위, 명예 이런 것들이라면 삶의 목표 달성은 언제까지고 이룰 수 없습니다. 그러나 주어진 현실에 감사할 수 있는, 만족할 수 있는 그런 수행자의 마음에서 삶의 목표를 찾고자 한다면 이미 그 마음 부처님의 처소입니다.

  스스로 만족하는 삶, 스스로 만족할 수 있는 마음을 닦아가는 것이 생활 속의 불교 수행입니다. 바로 지금! 이곳! 행복은 이미 내 안에 있습니다.

마음을 일으키면 법계가 움직인다

 가만히 세상 사람들을 관찰해 보면 늘 복을 지으며 사는 사람들이 있는가 하면 늘상 복을 까먹으며 사는 사람들이 있음을 봅니다. '복'이라는 것은 고정되어 정해진 실체가 있는 것이 아니기에 복을 받을 만한 그릇이 되는 이에게는 한량없는 무량대복으로 다가오지만 그릇이 작은 이에게는 자신의 그릇만큼의 복밖에는 가질 수 없습니다. 아무리 널려 있더라도 말입니다. 마치 하늘에서 내리는 비는 모든 대지를 골고루 적셔 주지만 컵에는 컵만큼의 물만, 그릇에는 그릇만큼의 물만, 대야에는 대야만큼의 물만이 차고 나머지는 모두 흘러내려 다시금 대지로 되돌아가는 것과 같은 이치라 할 것입니다.

 우리 모두는 그릇을 키우는 일에 무엇보다 소홀해서는 안 됩니다. 그릇을 키운다는 것은 몸과 입과 생각을 잘 다스려 일상 그 자체가 복됨이 있어야 한다는 말입니다. 복을 받고자 한다면 첫째가 복을 스스로 지어야 합니다. 언제나 복 짓는 마음으로 살아가야 합니다. 복 짓는 마음이란 언제나 베푸는 마음입니다. 주는 마음처럼 풍성하고 즐거운 일이 없습니다. 그러나 우리는 삿된 소견으로 어리석은 분별심으로 머리를 굴리기 때문에 '내 것'을 다른 이에게 주기를 아까워합니다. 내 것이 나간다고 생각하기 때문입니다.

'소유'의 관념처럼 우리의 삶에 활력을 넣어주는 것은 없을 것입니다. 또 우리의 삶을 불행에 빠지게 하는 것은 없을 것입니다. 극단적인 행복과 불행으로 우리의 마음을 철저한 노예로 만드는 우리 마음의 지독한 '마장(魔障)'인 것입니다. '소유의 관념' 그 하나의 잣대를 붙잡고 세상을 정신없이 살아가는 사람이 얼마나 많습니까? 얼마나 전도된 망상인지 모릅니다. 진정 참으로 베풀었을 때 부자가 되는 도리를 우린 너무도 알지 못합니다. '아깝다'는 그 마음이 바로 아상(我相)입니다. 바로 이 놈, '아상'과의 싸움이 바로 수행이라 하였습니다.

언제나 베푸는 마음으로 살아가는 이는 당장에는 부족한 듯 보여도 그 사람은 세상을 한마음에 품고 살아갑니다. 한마음 속에 세상 모든 것을 소유하며 살아갑니다. 이런 사람의 복 그릇은 참으로 한량없습니다. 이런 복을 일러 '무량대복(無量大福)'이라고 합니다. 셀 수 없이 무량한 복이라는 말입니다. 이런 사람은 당장은 필요한 물건만 있으며 그나마 있는 것들도 늘상 다른 이들에게 베풀기만 하니, 다른 이들이 보기에는 행여 가난해 보일지 모를 일입니다. 그러나 이 사람은 모든 소유의 관념을 깨고 살기에 온 천지 내 것 아닌 것이 없습니다.

마음 먹은 대로 모든 것이 '나의 것'으로 화해 줍니다. 돈이 필요하면 돈으로, 물건이 필요하면 물건으로, 인연이 필요하면 소중한 인연으로, 그렇듯 마음 먹은 대로 모든 것이 생겨나게 됩니다. 그 큰 한마음에는 어떤 것도 당해 낼 재간이 없습니다. 법계의 모든 돈 또한 그의 한마음 일으킴에 의해 움직이기 때문입니다. 마음 한번 일으키면 없는 것이 없습니다. 정말 필요한 것이 있다면 텅 비어 오히려 충만한 그 한마음 속에 모든 것을 넣어두기만 하면 법계 어디에선가 생기게 되어 있습니다.

그것이 법계의 이치입니다. 그럴진대 우린 너무도 필요하지 않은 것들을 많이도 쌓아 두고 삽니다. 집안을 가만히 살펴보십시오. 우리 주변에는 필요하지 않은 것들이 너무 많이 널려 있습니다. 필요하지는 않더라도 가지고는 있어야 마음 편한 줄로 압니다. 그야말로 '남 주자니 아깝고 내겐 필요치 않은' 그런 물건이 얼마나 많습니까?

아까운 마음이 내 복을 모두 빼앗아 갑니다. 내게 필요하지 않은 것은 절대 쌓아 둘 필요가 없습니다. 누군가 필요한 이에게 널리 베푼다면 언젠가 다시 필요할 때 분명 다시 생기게 될 것입니다.

베푼다는 것은 소비생활이 아닌 엄청난 저축 습관인 것입니다. 이 넓은 법계에, 이 우주에 통째로 저축을 하는 것입니다. 언제든지 필요할 때 한마음 내어 가져다 쓸 수 있도록 말입니다. 좁은 소견으로는 인과의 굴레를 벗어날 수 없습니다. 자꾸만 아상을 거스르는 '베풂'의 습관을 길러야 인과를 훌쩍 뛰어 넘을 수 있는 것입니다.

 이와 같이 다른 이를 위한 베풂에는 아무리 큰 것일지라도 텅 빈 마음으로 내어 줄 줄 알아야 하지만 자신을 위한 것들에는 작은 것이라도 아껴쓰고 낭비하지 말아야 합니다. 일상 속에서 늘 아끼고 소중하게 여기는 마음, 이것 또한 참으로 커다란 복전이 됩니다. 낭비하지 않고 아껴 쓰는 마음은 복 짓는 마음이기에 그 행위 자체에 엄청난 복이 생겨나게 마련입니다. 그러나 쓸데없이 비싸게 주고 물건을 산다든가, 마구 소모해 버리는 물이나 전기에서부터, 회사 물건이라고 마구 사용하는 습관 등에 이르기까지 이러한 모든 행위들이 바로 복을 까먹는 일들입니다.

 또한 부처님 전에 밝은 마음 내는 것, 사회 대중을 향한 회향의 마음, 나의 업장을 참회하는 수행심, 부처님 공양하는 것, 밝은 도량에 불사, 공양 올리는 것, 올곧은 수행자에게 공양하는 것, 탐진치 삼독심 비우는 것, 염불 공덕, 참선 공덕 등 이 모든 수행심들이 참으로 소중한 복의 밭이 됨은 말할 것도 없습니다.

 수행하는 이의 바로 그 마음, 부처님을 향한 순수한 한 마음, 이것을 가진 이가 바로 무량대복의 소유자입니다. 마음 가운데 세상을 소유하고 있기에 마음먹은 대로 언제든지 끄집어 내어 쓸 수 있는 진정 세상을 소유하는 사람입니다. 마음을 일으키면 법계가 움직이는 법이기 때문입니다.

 절에 들어오고 나서부터 실제로 그런 일들이 많아졌습

니다. 도량에서 늘상 수행하며 베풀고 사는 것들을 배우다 보니, 어느 날 절에 필요한 물건이 생기더라도 새벽기도며 사시불공 때 한마음 일으키면 참으로 신기하게도 누가 부탁한 것도 아닌데 신도님들께서 가져다주는 일이 생기곤 했습니다. 필요한 것들이 있을 때면 가만히 원을 세우고 기도하면 어디선가 만들어지는 일들 말입니다.

한번은 대학원 학비를 내야 하는데 은사스님께서 하도 바쁘셔서 부탁드리기도 좀 죄송스럽고 하여 '그래 분명 내가 대학원에서 배워야 한다면 다 잘 되어질 거야. 설령 학비가 없으면 다음 학기에 다시 다니면 되지 뭐. 인연이 안 된다면 그만이지' 하는 마음으로 대학원에 대한 고집을 비우고는 원을 세우고 기도를 하였더니 어느 날인가 이따금씩 법당에 기도하러 오시던 보살님께서 "스님 공부 뒷바라지를 하고 싶어요." 하시며 학비를 대신 낼 수 있도록 해 달라는 것이었습니다. 늘상 이런 식이었습니다.

무슨 일이든 고집할 필요가 없는 것입니다. 내가 일으킨 맑은 한마음이 법에 맞고 올바른 일이라면 고집하여 억지로 하려 하지 않아도 '절로 절로 저절로' 되어지게 되어 있는 것입니다. 무엇이든 고집하니 문제가 되는 것입니다. 맑고 고요한 마음으로 한마음 일으키고 그 한마음이 여법하여 밝은 일이라면 늘상 되어지는 쪽으로 일은 흐르게 마련인 것입니다. 그것이 바로 수행자가 일으킨 밝은 한마음이며, 세상의 주인이 되는 참으로 당당한 길인 것입니다.

이렇듯 세상 모든 일은 오직 이 한마음에 달려 있습니다. 본래 원만 구족되어 있는 법계이기에 올바로 일으킨 한마음은 충분히 법계를 울릴 수 있습니다. 원만 구족한 법계의 그 모든 것을 가져다 쓰는 방법만 올바로 안다면 문제될 것이 없습니다. 그러나 사람들은 그 방법을 모를 뿐입니다. 무엇이든 내 것으로 만들려는 아상(我相) 나만 잘 되고자 하는 이기심 때문임을 모를 뿐입니다.

　세상 모든 것은 내 안의 문제입니다. 내 안에서 일으킨 청정한 한마음은 세계를 울리고 법계를 움직일 수 있습니다. 청정한 한마음이란 나 잘 되고자 하는 아상과 이기심이 없어진 순수한 부처님 참생명의 한마음입니다. 세상 모두를 향해 회향하고자 하는 이타(利他)의 한마음입니다. 그 밝은 한마음이 일으킨 마음, 그 한마음으로 행한 기도는 진정 세계를 울리고 법계를 움직이는 법입니다. 이 법계의 도리를 믿고 알고 나면 세상은 더 이상 괴로운 곳이 아닙니다. 내 안에서 세상을 움직일 수 있게 됩니다. 뜻대로 사는 삶, 바로 수행자의 여법하고 당당한 삶입니다.

연기(緣起)의 생활 실천

불교의 기본 사상은 연기법(緣起法)이라고 합니다. 그러나 연기법은 단순하게 사상으로만 그치는 허울 좋은 관념이 아닙니다. 거기에는 철저한 실천이 뒤따라야 합니다. 실천이 뒤따르지 않는 연기법은 죽은 사상이지 살아 숨쉬는 생생한 진리라고 할 수 없습니다.

불자라고 한다면 연기법을 믿는 이라고 해도 좋을 것입니다. 그러나 이렇게 보았을 때 우리 주위엔 겉보기만 불자인 사람이 참 많은 듯합니다.

우리는 대부분 혼자 있을 때와 여럿이 함께 모여 있을 때 서로 다른 행동을 보이는 경우를 많이 봅니다. 여럿이 있을 때는 참 좋은 사람처럼 보이는 사람도 남들이 보지 않을 때는 쉽게 '전혀 다른 사람'으로 변하는 사람이 우리 주위엔 얼마나 많던가요. 다른 법우님들과 함께 차를 탈 때면 조심스레 천천히 운전을 하다가도 혼자 차를 몰게 되면 어느덧 거리의 무법자가 되어 다른 운전자를 황당케 하는 경우를 저 또한 관찰하게 됩니다. 그러면서 '연기법도 모르는 사람이 무슨 법사인가?' 하고 되묻곤 한답니다. 진정 연기법을 아는 이는 연기법을 실천할 수 있는 사람입니다.

연기법을 실천한다는 것은 첫째가 인과를 굳게 믿고 있는 사람을 의미합니다. 남이 보지 않는다고 인과가 사라지는 것은 아닙니다. 오히려 다른 사람이 보고 있을 때는 상대에게 욕좀 얻어 먹고 나쁜 인상을 심어 줌으로써 어느 정도 과보를 받게 되는 것이지만 혼자 있을 때라면 그 과보 그대로를 훗날 모두 받아야 합니다. 법계의 인과는 어느 하나 예외가 없습니다. 법계에 그대로 저축이 되는 것입니다. 정말 무서운 것은 다른 사람들의 시선이 아니라 법계의 인과라는 철저한 진리입니다. 다른 사람에게 잘 못 보이면 다음에 다시 잘 보이게 되면 그만이지만 한 번 지은 업장은 영원히 지워 버릴 수 없게 됩니다.

신구의 삼업(三業)으로 지은 모든 것이 그대로 되돌아오는 것입니다. 몸으로 짓고, 입으로 짓고, 무심코 지은 미세한 생각까지도 철저히 내가 짓고 내가 그대로 받아야 할 것들입니다. 인과를 믿는 사람은 언제 어느 곳에서든 누가 있든 없든 항상 맑고 향기로운 말과 행동과 생각을 가져야 합니다. 1년 365일, 하루 24시간 어느 한 때라도 깨어 있지 않으면 안 됩니다. 내가 살아가는 일상의 순간 순간을 하나도 빼놓지 않고 모든 이들에게 활짝 열어 공개할 수 있겠습니까? 그만큼 순수한 삶을 살아 간다고 확신할 수 있는가요. 그러나 우린 이미 인과라는 법계(法界)의 이치에 우리 삶의 일거수 일투족을 그대로 노출하며 살아가고 있다는 것을 알아야 합니다. 또 그렇게 일체 모든 이에게 나의 삶을 그대로 보일 수 있을 만큼 투명하게 살아가야 합니다.

둘째로 연기를 믿는 사람은 항상 감사하는 삶, 그리고 회향하는 삶을 살아야 합니다. 내가 먹고 있는 밥 한 톨에 담긴 일체 법계의 은혜를 명상해 보셨나요? 농부의 은혜, 농부를 낳아 주신 부모님 그리고 또 그 부모님 그렇게 시작되어 무량한 시간을 거슬러 올라가는 역사 속의 모든 조상, 존재의 무한한 은혜, 곡괭이의 은혜, 비료의 은혜, 비료 공장 모든 인부들의 은혜, 토양의 은혜, 태양의 은혜, 비와 바람의 은혜 그렇게 시작되어 무량한 공간을 향기롭게 감싸고 있는 이 모든 무한한 은혜, 우린 세상을 살아가며 작고 하찮은 일에서도 이 모든 시공을 초월한 무한한 은혜에 날마다 감사하며 살아야 합니다. 아니 순간순간을 감사하며 살아야 합니다. 새벽 두 눈을 뜨면서부터 감사하는 연기의 실천은 시작됩니다.

아침을 깨워 주는 자명종의 은혜, 침대의 은혜, 맑은 아침 공기의 은혜, 세면을 할 수 있게 해 주는 물의 은혜, 비누, 샴푸의 은혜, 아침 공양에 올라온 이 모든 음식물의 은혜, 그리고 그 속에 녹아든 온 우주의 밝고 넓은 은혜 등등 너무나도 너무나도 세상엔 감사할 것들 뿐입니다.

이런 긍정명상을 통해 우린 나를 살려 주고 있는 세상의 무한한 은혜에 소스라치게 놀라기도 할 것입니다. 때로는 고개 들어 세상을 보며 감격스런 눈물이 흐르기도 할 것입니다.

이 모두가 무한한 참 생명 비로자나 법신 부처님의 나툼이심을, 그렇기에 공을 초월하여 일체의 모든 존재는 결코 둘이 아닌 '전체로서의 하나'입니다. 한마음 한생명이 인연따라 나툰 것일 뿐입니다. 무아(無我)이며 동시에 전체아(全體我)인 것입니다.

이런 감사한 세상을 향해, 나와 둘이 아닌 일체의 참 생명을 향해 무한한 생명력으로 나를 살려 주고 있는 법계를 향해 내가 할 수 있는 일이란 오직 회향밖에 없습니다. 날마다 회향해야 합니다. 대상을 가리지 않고 회향해야 합니다. 언제 어디서나 누구에게나 회향할 줄 알아야 합니다. 연기법을 믿는 수행자는 언제나 회향할 꺼리를 찾아 눈을 돌립니다. 누군가에게 무엇을 받았기에 회향하고 보시하는 것이 아니라 인연따라 일체의 모든 생명, 존재들이 나를 살려 주고 있다는 그 하나의 사실만으로도 충분히 감사하고 회향하며 보시하는 삶을 살아야 하는 것입니다. 이유가 없습니다. 내가 살아 있음이 그저 이유라면 이유일 뿐입니다.

느낌 나누기

　순간순간 스쳐가는 작은 느낌들을 애써 관찰하는 사람은 드뭅니다. 더구나 그 작은 느낌을 이웃에게 나누어 보려는 사람은 더욱 찾아보기 힘이 듭니다. 크게 느껴지는 감정의 흐름을 말하는 것이 아닙니다. 자칫 우리가 느끼기는 하지만 알아채지 못하는 작은 느낌, 느낌들, 그 감정의 흐름을 알아채는 것은 너무나도 쉬운 일이지만 어쩜 상당한 관찰력과 주의를 요하는 일일 수도 있습니다.

　우리는 대부분 감정의 흐름에 이끌려 세상을 밝게 보기도 하고 어둡게 보기도 합니다. 느낌의 흐름들이 우리네 마음을 극락으로 또 지옥으로 몰고 가는 장본인이기도 합니다. 그러나 우린 작은 느낌, 감정들을 쉽게 간과해 버리기에 자신도 알 수 없는 미묘한 마음으로 괴로워하기도 합니다. 답답한데 이유를 모르겠다거나 괴롭긴 한데 웬지 잘 모르겠다고 이야기하는 사람들을 종종 보게 됩니다. 작은 느낌들을 지나쳐가니 그 작은 감정들이 내포하고 있는 거대한 울림을 알 도리가 없는 것입니다.

　우리의 삶은 사실 작은 감정, 느낌들에 의해 크게 지배 됩니다. 쉽게 느낄 수 있는 커다란 느낌들은 왜 괴로운지, 답답한지, 우울한지, 스스로 그 감정에 대한 원인을 알고 있기에 사실 문제가 되지 않습니다. 원인을 안다면 결과를 쉽게 예측할 수 있고 그렇듯 인과를 알면 의외로 우리의 괴로움은 많이 줄어들게 되는 그런 이치입니다. 문제는 우리들 마음 속을 이리로 저리로 휘젓고 다니는 셀 수 없이 많은 작은 느낌, 느낌들의 흐름입니다. 아무리 작은 느낌이라도 완벽하게 알아차리려고 노력해야 합니다. 그리고는 그 작은 느낌의 알아차림을 누구에게든 나누어 보는 작업을 끊임없이 해야 합니다. 내면에서 일어나는 작은 느낌을 나누었을 때 '알아차림'의 힘은 더욱 커져만 갈 것입니다. 아울러 고백도 또한 높아져 갈 것입니다. 우린 표현하기에 익숙치 못합니다. 마음 나누기에 익숙치 못합니다. 그저 작은 마음들은 스쳐보내기 일쑤입니다.

작은 마음을 관찰하고 이웃에게 친구에게 도반에게 나누어 보십시오. 될 수 있으면 밝은 마음, 기쁜 느낌, 좋은 감정들을 많이 발견하고 나누는 것이 우리의 삶을 밝게 하는 데 큰 힘을 불어넣어 줄 것입니다. 기쁘고 즐겁고 유쾌한 마음들을 많이 일으키고 알아채고 나누게 되면 그 기운은 나를 바꾸고 내 주위를 맑고 향기롭게 할 것입니다. 마치 작은 향이 법당을 은은하게 만드는 것과 같이 말입니다.

언제나 그렇듯 부하직원이 커피 한잔을 타서 내게 주었습니다. 언제나 그렇기에 우리는 당연하다는 마음을 일으키고 아무런 의미를 부여하지 않습니다. 그러나 모름지기 수행자라면 그 때 마음 속에 작게 일어난 감사한 마음, 기쁜 마음을 알아차립니다. 그리고는 언제나 그렇게 커피를 타 주니 내 마음이 참 기쁘고 고마웠다는 마음을 표현할 수 있을 것입니다. 그저 쉽게 넘어갈 수 있는 일이지만 그 작은 마음을 표현해 주는 것입니다. 그렇게 되면 부하직원 역시 늘상 내가 하는 일이니 당연하다는 마음에서 상대가 내게 고마움을 일으킴을 알고는 의외의 행복감을 느낄 수 있을 것입니다.

이렇게 되면 당연하던 일상이 행복해 집니다. 느낌을 표현하는 이와 표현을 받는 이 모두가 의외의 행복을 느끼게 되는 것입니다. 행복은 이렇듯 만들어 가는 것입니다. 그렇게 되면 이제 두 사람 사이에 작은 사랑과 애정과 신뢰가 싹트게 되는 것입니다. 마음 속에서 크게 느끼지는 못하더라도 법계에서는 그 이심전심의 마음을 알게 됩니다.

친구가 안부 전화를 걸어 왔을 때 그저 수다를 떨다가 전화를 끊기보다는 안부 전화를 걸어주니 내 마음이 참 흐뭇하고 기쁘다 하는 마음을 살며시 꺼내어 보는 것입니다. 네가 내 생각을 해 준다는 것이 내게는 작지만 큰 힘이 되는 것 같다는 그저 평범한 느낌이라도 나누어 보는 것입니다. 그저 평소에 가지고 있던 상대방에 대한 느낌이나 감정들을 편하게 이야기해 보는 것도 참 좋은 방법입니다.

"너라는 친구가 있다는 것이 네겐 참 큰 힘이 돼.", "아빠는 네가 이렇게 잘 자라주는 것이 참 기쁘단다.", "엄마 이렇게 잘 키워주셨는데 엄마한테 잘 하지도 못하고 미안해요. 사랑해요."

처음에는 서먹서먹하고 괜히 민망하고 그럴지도 모릅니다. 그러나 마음 내어 표현하고 나면 그만큼 내 주위의 기운은 밝아지는 것입니다. 그만큼 행복은 만들어 지는 것입니다. 느낌 나누기, 쉽게 스쳐갈 수 있는 느낌들, 이제 놓치지 말고 행복의 씨앗으로 밝게 밝게 회향하시길 바랍니다.

자연과 나는 '하나' 입니다.

 올해는 유난히도 태풍이 많이 오고 그 규모도 너무 큽니다. 그만큼 많은 이들은 삶의 터전을 잃어버리고 실망에 빠져 있음을 가만히 내 마음으로 가져와 봅니다. 느낌만으로도 눈물이 날 만큼 가슴 아픈 일입니다.
 요즈음 들어 전 세계적인 추세인 듯합니다. 생각지 못했던 자연의 몸부림이 우리 인간에게 직접적인 영향을 주고 있음 말입니다. 유독 유난한 태풍이며 40도를 웃도는 폭염의 더위에 사람들이 쓰러지고 또 겨울엔 그 추위가 살을 얼어붙게 만들기도 합니다. 미국, 유럽 등지에서는 40도를 웃도는 지친 폭염으로 인해 수많은 이가 죽어갔다고 하며, 98년 중국에서는 폭우 및 지속적인 호우로 인해 양쯔 강이 범람하여 이를 막으려 수백 개의 제방을 폭파하는 등의 노력에도 불구하고 3,000여 명이 사망하고 3억 명 가량의 이재민을 내었다고도 합니다.
 인도에서는 가뭄으로 목이 타들어 가며 지친 태양 아래 살결이 말라비틀어지는데 갑자기 나타난 전염병은 더욱 목숨을 가냘프게 만든다고 합니다. 이렇듯 엘리뇨 현상,

라니냐 현상이라고 하여 기상이변이 세계적으로 속출하고 있습니다. 오존층이 파괴되고 지구온난화로 인해 지난 1세기 간 평균기온은 0.5도 상승하였으며 98년은 지금까지의 기록 중 가장 더운 해에 꼽힌다고 합니다. 환경오염으로 생태계에는 암수 구분이 사라지려는 조짐도 있다니 참 무서운 일입니다.

불과 몇 백년 전까지만 해도 산업혁명과 물질사회가 우리에게 가져다 준 수많은 편리와 편안함에 감사하면서 자연을 마구 훼손하기 시작하였습니다. 자연은 인간을 위해, 동식물 또한 인간을 위해 마땅히 희생되어야 했습니다. 어떻게 자연을 잘 다듬어 우리의 '편리'함을 추구할 것인가에 대한 연구는 과학, 산업, 기술이라는 이름으로 우리 앞에 당연시되어온 것들입니다. 그렇게 내 밖에 있는 것들을 이용하여 행복을 추구하고자 수많은 노력을 하였습니다. 그래서 얻은 것이 무엇인가요. 물론 우리는 많이 편리한 삶을 살고 있습니다.

그러나 그 '편리'가 우리에게 가져다 준 또 다른 것은 '더 큰 괴로움'임이 밝혀지고 있습니다. 예전엔 없었던 각종 이름 모를 병들이 생겨납니다. WTO 세계보건기구에서는 현대인이 겪고 있는 질병의 80%가 오염된 물을 먹는 등 오염 때문에 만들어진 것이라 발표하였습니다. 그렇듯 자연을 통해 즉 내 밖에 있는 것들을 통해 행복을 추구하려던 우리의 생각은 이제 한계에 다다랐습니다.

사실 자연과 인간은 결코 둘로 떼 놓을 수 없는 관계입니다. 우리는 모두가 진실된 '하나'입니다. 그런데 자연과 인간을 둘로 보아 정복의 대상으로 하니 각종의 문제가 시작되는 것입니다. 절 집안에선 절대 산에 가는 것에도 등산이라 하지 않고 '입산(入山)'이라 하여 자연과 인간이 둘이 아님을 가르치곤 했습니다.

그렇게 우리가 벌여 놓은 것들에 대한 결과가 이제 서서히 우리 앞에 나타나고 있습니다. 각종의 환경오염들이 그 첫째 징후입니다. 이제 더 이상 자연도 가만히 있지 않습니다. 인간이 정복하려 하면 자연 또한 그대로 돌려주려 합니다. 인과 응보는 투철한 법입니다. 인간이 자연을 정복한 만큼 훼손한 만큼 자연 또한 인간을 훼손할 것입니다.

오늘 우리 앞에 다가온 태풍에게 원망할 것이 아니라 미안해할 일입니다. 자연을 아끼고 상대방을 아끼고 너와 내가 둘이 아님을 알아야 합니다. 더 이상 내 밖에서 행복을 찾으려 해서는 안 됩니다. 내 안에 마음 가득 충만한 행복을 찾아야 합니다.

내 안에 나도 있고, 상대방도 있고 자연도 있고, 우주도 있습니다. 그렇기에 세계는 참으로 둘이 아닌 '하나' '한 생명'입니다.

나와 엄마, 나와 자식 둘을 놓고 보면 따로지만 가족이라는 틀 속에서 보면 하나이듯 내 가족과 이웃사람을 보면 둘이지만 우리 동네를 보면 하나이듯 인간과 자연, 나와 산하대지를 보면 둘이지만 존재로 보면, 지구 전체를 놓고 보면 하나이듯 그렇게 우린 둘이 아닌 하나입니다.

  시선을 조금만 넓히고 마음을 조금만 넓히고 보면 우린 한마음, 한 생명 참으로 하나인 것입니다. 이 환경문제, 각종 사회문제에 대한 해결 또한 우리 안에서 찾을 수 있습니다. 안으로 안으로 시선을 돌려야 합니다. 결국엔 '마음' 하나에 다 들어 있습니다. 그렇게 하나로 전체를 해결하는 큰 눈을 가져야 합니다.

자기 한정과 무한능력의 주인공

 본래 우리의 능력은 한계가 없는 법입니다. 우리는 보통 자기 자신에 대한 나름대로의 평가를 내려놓고 살아갑니다. '나의 능력은 이 정도야'라고 스스로 자기 한정의 관념의 선을 그어 놓기 마련입니다. 그리고는 그 능력 밖의 일에 대해서는 도저히 상상할 수 없는 일로 덮어놓는 경우가 많습니다.

 누구나 나 자신은 내가 가장 잘 알고 있다고 그렇게 생각하고 세상을 살아갑니다. 자기 자신의 능력을 스스로 어느 선까지만 규정지어 놓고는 스스로가 만들어 놓은 그 자기 한정의 관념에 노예가 되어 버립니다.

 우리가 '내 능력은 이 정도야'라고 할 때 그 정도의 능력은 바로 스스로 짓고 있는 그 자기 한정의 관념에서 나온다는 것을 알아야 합니다. 스스로를 얼마만큼 한정지어 두느냐에 따라 정말 자신의 능력의 범위가 결정될 수 있다는 이야기입니다.

 다시 말해 우리 능력의 범위란 본래부터 결정되어 있는 것이 아니라는 말입니다. 스스로가 스스로의 능력을 한정하고 있기 때문에 스스로 만들어 둔 그 정도의 능력밖에는 발휘할 수 없다는 말입니다. 본래 우리의 능력이라는 것은 한정지어진 개념이 아닙니다. 한정한다는 것은 이미 무엇인가가 얼마만큼 있다는 말이지만 본래 우리의 본성은 텅 비어 있기에 얼마만큼이라는 한정이 있지 않습니다. 텅 비어 무엇이라도 또 얼마만큼이라도 담을 수 있는 모양이 없고 크기도 없는 공(空)의 그릇입니다.

본래 갖추고 있는 텅 비어 오히려 충만한 그 공의 무한 능력을 바로 보십시오. 무량수 무량광 법신 비로자나 부처님의 그 한량없는 무한 시공의 나툼을 말입니다. 우리의 본성이 바로 법신 비로자나의 모습 그대로라는 것을…. 그러나 우리 본바탕의 법신 주인공이 잠시 실체 없는 연(緣)을 따라 실체 없는 중생심을 일으킨 것입니다. 겉껍데기의 허상을 보지 말고 내면에 또 이 우주에 가득하여 충만한 법신 부처님을 보십시오.

언제인가 해외토픽에 나온 이야기가 생각납니다. 시장에 갔다 돌아오는 어머니가 집 앞에 뛰어 놀고 있는 아들을 불렀는데 아이가 어머니를 향해 뛰어오다가 그만 차에 치였다고 합니다. 그러자 어머니는 차 밑으로 들어간 아들을 향해 달려가 차를 힘껏 들어올리고는 아이를 구해내었다는 이야기 말입니다. 나중에 그 힘이 어디서 나왔나 하여 다시 들어보도록 했더니 꼼짝도 안 하더란 말입니다. 덩치 큰 장정들이 몇이 들어야 들릴 그런 무게였습니다.

아들이 차에 치인 순간 어머니의 머릿속에는 '내가 저 차를 들 수 있을까!' '얼마나 무거울까!' '무거운데 들지도 못할 꺼야. 119에 전화나 할까!' 하는 등의 그 어떤 분별이 있지 않았습니다. 오직 차를 향해, 아들을 향해 달려간 것입니다.

그 어머님의 마음에 자기 한정의 관념은 도저히 붙을 수 없었을 것입니다. 스스로의 능력으로 할 수 있겠다 없겠다 하는 그 어떤 분별도 가지지 않았다는 말입니다. 오직 자식을 향한 일념만이 자신의 몸과 마음을 이끌었을 것입니다. 오직 목표를 향한 순수하고 텅 빈 마음만 있을 뿐입니다.

다른 예로 그 유명한 아인슈타인 박사도 평생을 연구에 몰두하였다고 하지만 자신의 두뇌 활용 용량의 단 몇 퍼센트도 쓰지 못하였다고 합니다. 이렇듯 본래 우리가 가진 능력은 한정되어 있지 않습니다. 그러나 스스로 자기 한정의 관념에 빠지기 때문에 그 관념의 사슬로 인해 자신의 능력이 그 관념 따라 실제화되는 것입니다.

자기 한정의 늪에서 벗어나세요. 그리고 자신의 능력을 무한히 가져다 쓰는 것입니다. 자기 한정이라는 것은 이미 아집(我執)이라는 자기 집착의 노예가 되었음을 의미합니다. 본래 나가 없고 상대가 없다면 나는 안되고 상대는 된다는 분별도 사라집니다. 오직 상대가 할 수 있다면 당연히 나 또한 할 수 있게 됩니다.

힘겨운 일을 당해서도, 시험을 앞둔 수험생들도, 새로운 사업을 시작하면서도, 스스로의 능력을 과소 평가하는 마음은 버려야 할 첫 번째 관념입니다. '할 수 있을까' 하는 나약한 마음이 반복되면 그 마음은 점차 실체화되어 질지도 모릅니다.

공부가 안 되어도 공부 안 된다는 생각, 시험 잘 볼 수 있을까 하는 생각은 일찍부터 버리시는 것이 좋습니다. 사업이 잘 안 되더라도 왜 이렇게 사업이 안 되지 하는 마음은 금물입니다. 혹은 누가 물어 오더라도 '잘 된다'고 이야기하심이 좋을 것입니다. 그것이 바로 잘 될 수 있도록 하는 마음 공부, 마음 연습이기 때문입니다.

마음 도리라는 것이 그렇습니다. 본래 한정된 것, 정해진 것이 없기 때문에 무엇이든 마음 일으킨 대로 되어지게 되어 있습니다. 본래 우리의 마음속에는 모든 것이 원만하게 구족되어 있기 때문입니다. 다만 '될 수 있을까' 하고 의심하여 굳게 믿지 못하는 데서 일이 흐트러지기 시작하는 것이며, 구하지만 안 되는 이유는 오직 '나는 안 돼' 하는 자기 한정의 마음 때문임을 명심하셔야 합니다.

이 세상이야말로 내 마음 닦은 그대로의 나툼입니다. 빌려 준 돈 떼어 먹혔어도 내 마음의 탐심(貪心) 나툼이며, 주위 사람이 화를 내도 내 마음의 진심(瞋心) 나툼이요, 생각한 만큼 일이 잘 안 되는 것 역시 내 마음의 치심(癡心) 나툼입니다.

밝은 마음 계속 연습하면 세상이 밝아지고, 어두운 마음 연습하면 세상이 어두워집니다. 내가 닦은 만큼 세상은 그만큼만 밝아질 것입니다. 에누리없는 세상, 그것이 바로 인과의 철칙 아니던가요. 스스로 한정짓지 않고 텅 비어 무엇이라도 다 담을 수 있도록 밝게 열린 마음을 연습하세요. '된다' '된다' 하는 마음 담아 두면 절로 되어지고, '안 된다' '안 된다' 하는 마음 담아 두면 될 일도 그르쳐지는 것이 우리네 마음 도리입니다. 한정짓지 않는 무한한 마음 법신 비로자나 부처님의 청안 청락 밝은 마음입니다.

무소의 뿔처럼 혼자서 가라

무소의 뿔처럼 혼자서 가라

마음의 두 가지 종류

명상에서 오는 확연한 해답

연극의 주인공처럼

저질러라. 표현이 성불의 지름길이다

이래도 좋고 저래도 좋은 법

일체를 다 받아들여라

고백도를 높여라

버릴 것도 없고 잡을 것도 없다

죽음 앞에 당당하라

크게 포기하라

오직 정도(正道)로만 가게 하소서

맑은 대인관계를 위한 조언

무소의 뿔처럼 혼자서 가라

"그물에 걸리지 않는 바람과 같이
소리에 놀라지 않는 사자와 같이
진흙에 물들지 않는 연꽃과 같이
무소의 뿔처럼 혼자서 가라."

그 어떤 고난과 역경이 내 앞을 폭우처럼 덮치더라도 당당히 가야 할 길만을 무섭게 찾아서 가야 합니다. 당당히 혼자서 나아가야 합니다. 우리 가야 할 길은 올곧게 펼쳐져 있습니다. 그 길을 향해 당당히 나아가면 됩니다. 그러나 우리는 너무도 걸리는 것이 많습니다. 본래 내 안에 갖추어진 참 생명은 어디에도 걸리지 않는 '무소의 뿔' 과 같습니다.

그러나 우린 돈에 걸리고 명예에, 권력에, 지위에, 학력에, 외모에, 그리고 내 주위 수많은 인연들에 너무도 많은 마음을 빼앗기고 있습니다. 주위 사람들의 칭찬이나 비난에 마음이 머물러 괴로움에 잠 못 이루기도 하고 또 행복감에 젖어 들기도 합니다. 이는 모두 마음의 중심이 바깥 경계에 놀아나 그것에 '노예'가 되기 때문에 일어나는 참으로 부끄러운 일들입니다.

소리에 놀라지 않는 사자처럼, 외부의 그 어떤 비난이나 욕설에도 흔들리지 않아야 합니다. 칭찬에도 크게 흔들려 호들갑스레 좋아할 것 없고 비난이나 욕설에 마음을 빼앗겨 괴로워할 것도 없습니다. 칭찬에 크게 좋아하고 바라는 사람일수록 비난에도 크게 흔들리는 법입니다.

그물에 걸리지 않는 바람처럼, 그 어떤 괴로움이 내 앞에 닥치더라도 그 앞에 마음이 걸리지 않아야 합니다. 까짓 괴로움쯤 내 앞을 잠시 가로막는 그물쯤으로 여기고 당당히 가야 할 길을 찾아가면 그만입니다.

진흙에 물들지 않는 연꽃처럼, 내 주위가 아무리 혼탁하고 괴로운 상황이라도 진흙 속에서 고고한 향기를 뿜어내는 연꽃처럼 고요하고 맑은 영혼을 지켜야 합니다.

그렇게 그렇게 내가 가야 할 길만을 무소의 뿔처럼 우직하게 걸어가야 합니다. 여기에 걸리고 저기에 걸리고, 이래서 괴롭고 저래서 괴롭고, 그런 삶이 아닌 어디에도 걸리지 않는 당당하고 떳떳한 자유인이 되어야 합니다.

진정한 수행자는 아무 것도 없이 무소유가 되어 홀딱 벗겨 놓을지라도 스스로 당당할 수 있습니다. 이 몸뚱이 하나만으로도 한없이 자유로울 수 있습니다. 권력 때문에, 지위 때문에, 돈 때문에 당당한 것은 너무도 부끄러운 일입니다. 내 안에 스스로 당당한 걸림 없는 주인공을 찾아보시기 바랍니다.

주위의 환경이나 조건들, 그 어떤 어려운 경계에도 놀아 난다면 수행자라 할 수 없습니다. 그런 작은 경계에 이끌려 행복해 하고 괴로워하는 것이 아니라 내 안에서 스스로 행복할 수 있어야 합니다. 스스로 당당할 수 있어야 합니다.

사랑하는 사람이 떠나갔다고, 좋아하는 것들을 잃어버렸다고 괴로워할 필요는 없습니다. 무소의 뿔처럼 그렇게 당당하면 그만입니다. 나의 참 생명은 어떤 외부의 경계에 이끌려 빛을 발하는 작은 마음이 아닙니다. 스스로 내 안에서 밝은 빛을 발하는 고결한 마음입니다.

우리의 삶을 가만히 되돌아 봅시다. 지금까지 나의 인생은 사회 속에서 잘도 길들여져 왔습니다. 이제 나를 길들여온 사회의 가장 중심에 서서 주인공이 되어야 합니다. 이 우주의 주인은 바로 '나'이기 때문입니다. 내 안에 우주가 들어 있습니다. 내 안에서 우리가 원하는 그 어떤 것도 이루어 낼 수 있습니다. 내가 변하면 세계가 변합니다.

우리의 마음은 그림을 잘 그리는 능숙한 화가와도 같아 마음먹은 대로 무엇이든 그려낼 수 있습니다. 마음먹은 대로 현실을 만들어 낼 수 있습니다. 그것이 바로 우리의 무한한 '참 나'의 본래 모습입니다.

마음의 두 가지 종류

 우리네 중생들의 마음은 두 가지 종류로 나누어 볼 수가 있을 것입니다.

 그 첫째는 '상황 따라 변하는 마음' 입니다. 이 마음이야말로 우리가 세상을 살아가며 항상 짊어지고 다니는 겉으로 드러난 마음의 모습이라고 할 수 있습니다. 다시 말하면 환경, 조건, 경계에 따라 변하는 마음입니다. 그러면 왜 이 마음을 상황 따라 변하는 마음이라고 했겠습니까?

 우리들 마음이 상황 따라 하루에 열두 번도 넘게 변하기 때문입니다. 예를 들어보겠습니다. 직장에서 남편이 승진을 하였다면 얼마나 기쁘겠습니까? 빨리 가족들, 친척들에게 알리고 친구들과 축하 술도 한 잔 하고 이 순간이 바로 극락일 것입니다. 그러나 남편이 기쁜 마음에 술을 한 잔 하고 집으로 오다가 교통사고가 나서 죽을 고비를 맞았다면 어떨까요. 승진이고 뭐고 안중에도 없습니다. 그 마음 지옥이 따로 없습니다. 사실 우리들 마음의 모습은 이와 같습니다. 이처럼 끊임없이 상황 따라 행복 불행 행복 불행 하루에 수십 번도 넘게 바뀌는 것이 우리의 마음입니다. 이 얼마나 나약하고 좁은 마음인가요.

 수십 년을 살아도 이처럼 행복·불행, 괴로움·즐거움이라는 극단적인 두 갈래 길 속에서 희비가 엇갈리는 삶을 살아가는 것입니다. 이렇게 순간 순간의 상황에 따라 우리의 마음은 너무도 쉽게 쉽게 움직입니다. 금방 좋았다가도 금방 괴로울 수 있는 경우는 너무도 많습니다. 아니 우리의 삶 그 자체가 고통과 행복의 무한한 반복이라고 할 수 있습니다.

 이렇게 마음이 엇갈리는 이유는 바로 상황이 변하기 때문에 생기는 것입니다. 상황, 환경은 반드시 변하게 마련입니다. 따라서 상황이 변함에 따라 우리들의 마음도 반드시 변하기 마련입니다. 그러니 어떤 기쁘고 괴로운 상황이라도 언젠가는 변한다는 것을 안다면 그 무상(無常)한 상황에 노예가 되지는 않을 것입니다. 우리는 이런 항상하지 않는 상황에 지금껏 노예가 되어 상황에 이끌리며 살아 왔습니다. 내 인생의 참된 주인이 되지 못하고 이렇듯 외부적인 조건에 의해 우리의 마음은 철저히 농락 당하며 살아왔습니다.

 이처럼 상황의 노예가 되어 살아가는 현실 속에서 우리는 한 가지 소중한 것을 잊고 살아 왔습니다. 그것은 바로 우리의 잠재된 능력입니다. 우리 내면에 숨쉬고 있는 또 다른 마음입니다. 바로 '본래의 청정한 마음', 즉 존재의 참 생명 '불성(佛性)'인 것입니다.

 이 마음은 어떤 상황에서도 꿈쩍하지 않는 바위와도 같

은 당당한 내면의 본래 모습입니다. 그 참 생명의 마음은 너무도 떳떳하며 당당합니다. 그 어떤 괴롭고, 외롭고, 답답한 상황에도 놀아나는 법이 없습니다. 언제나 내 안에 당당히 버티고 있습니다. 그 마음은 그 어떤 쇠라도 녹일 수 있는 용광로와도 같기에 우리 안에 일어나는 그 어떤 오염된 마음이라도 녹여 줄 수 있습니다. 상대방이 욕하고 화내는 것? 여자친구가 멀어지는 것? 돈, 명예, 권력에 울고 웃고 하는 우리네의 약한 마음쯤은 단 한번의 칼날 같은 마음으로 녹여버릴 수 있습니다.

그 어떤 괴로운 상황에도 약해져서는 안 됩니다. 그 상황은 반드시 바뀌기 때문입니다. 자살하는 사람들의 마음은 지금 이 마음이 항상할 것이라는 어리석은 생각이 그 바탕이 됩니다. 당장 지금 괴로우니 평생 괴로울 것으로 생각합니다. 지금의 상황이 언제나 계속될 것으로 생각하기에 그런 극단적인 결정을 내리는 것입니다.

자신감 있고 당당한 마음으로 내 인생의 주인공이 되십시오. 본래 내 안에는 바위와 같고 산과 같아 그 어떤 거센 외부의 바람, 폭풍우에도 끄떡하지 않는 당당히 밝게 빛나는 마음, 부처님 참 생명 주인공이 있습니다.

결코 행복이며 자유를 내 밖에서 찾으면 안 됩니다. 내 밖에 있는 그 어떤 경계에도 나의 마음을 빼앗겨서는 안 됩니다. 내 삶의 주인은 바로 나이기에 나를 행복으로 이끌 수 있는 것 또한 내 안에 있습니다. 마음의 중심을 내 안에 깊이 뿌리내리셔야 합니다. 어떤 외부의 거센 비바람에도 흔들리지 않도록 해야 합니다.

 돈이며 명예, 권력, 지위, 학력, 외모 등 이런 외부적인 경계에 마음을 빼앗기고 살아가기에 그 경계의 움직임에 따라 내 마음이 요동을 치는 것입니다. 돈이 많고 적음에, 지위의 높고 낮음에, 학력의 높고 낮음에 울고 웃는 한심하고 나약한 마음이 되어서는 안 됩니다. 외부적인 경계에 놀아나지 않는 이 몸뚱이 하나만으로도 당당할 수 있는 수행자가 되어야 합니다. 내 안에 당당히 빛나고 있는 금강과도 같은 참 나는 어디에도 걸릴 것이 없습니다. 노예로 살지 말고 당당한 삶의 주인이 되시길 바랍니다. 내 삶의 주인이 바로 온 우주의 주인 되는 길입니다.

명상에서 오는 확연한 해답

 일상 속에서 우린 수많은 경계에 닥치게 되며 수많은 의문을 접하게 됩니다. 이렇게 해야 할지 저렇게 해야 할지 도무지 해답을 내릴 수 없을 만큼 답답한 상황에 놓이게도 됩니다. 이럴 때 우린 머리를 굴리게 됩니다. '어떻게 하면 좀 더 나은 해답을 얻을 수 있을까?' 하고 조금 더 '나에게 이익이 되는 쪽'으로 이해 타산을 요목조목 따져가며 나름대로의 결론을 내리게 되는 것입니다. 어쩌면 인생이란 수많은 질문의 연속이며 그 질문에 대한 대답의 연속이라 할 수 있을 것입니다. 그러나 우리가 내린 대답들 속에는 확연치 않고 명확하지 않아 우리의 마음을 더욱 복잡하게 하는 것들이 많이 있습니다. 과연 내가 바로 결정한 것인가? 이 결정이 옳은 것일까? 하고 말입니다.
 판단을 하는 데에는 두 가지 방법이 있다고 생각해 보았습니다. 그 첫째는 '분별심'으로 내린 판단이며 두 번째는 '명상과 사유'를 통해 내린 판단입니다. 우리의 판단이 일을 그르치는 경우 대개 우리의 삿된 분별심으로 내린 판단이기에 그런 경우가 많을 것입니다.

첫째, 분별심으로 내린 판단이란 머리를 굴려 요목조목 따져 보지만 그 밑바탕엔 '나'라는 것이 깔려 있습니다. 어떻게 하면 나에게 이득이 되려나 하는 이기심이 깔려 있습니다. 이런 아집(我執), 아상(我相)의 굴레 속에서 내린 판단은 오히려 일을 그르치기 쉽습니다. 그러나 '나'라는 아집의 관념을 모두 놓아 버리고 명상과 사유를 통해 그 어떤 일들을 결정하고 판단하게 되면 그르치는 일들은 찾아 보기 힘들게 됩니다. 잘못 되는 일도 잘 되기 위해 잘못 되는 것이 되어 버립니다.

명상이 분별심과 다른 점은 바로 '나다' 하는 아집이 없이 순수하게 연기법을 바탕으로 사유하게 된다는 데 있습니다. 어찌하면 나에게 이익이 될까 하는 마음을 비우고 인연에 따라 어떻게 이 일이 일어나게 되었는가, 올바른 관점이 무엇인가를 가만히 관찰할 수 있게 됩니다. 그렇게 인연을 관(觀)하는 마음은 주관이 아닌 객관에 머물기에 보다 명확한 답을 줄 수 있을 것입니다.

그렇기에 '나'라는 사사로운 마음은 비워지고 전체가 서로 연기되어진 그 속에서 판단을 하게 됩니다. 어떤 인연으로 이 일이 벌어졌는지… 어떤 인과를 가져오게 될지… 이 모든 것들을 가만히 사유하게 됩니다.

이렇게 하는 마음은 분별심이 아닙니다. 연기를 사유하는 수행자의 청정한 마음입니다. 이렇게 명상을 하게 되면 내면에서 조용히 그 해답을 찾아 줄 것입니다. 모든 것은 내 안의 문제이기 때문에 내 안에서 밝은 해답이 나오게 될 것입니다. 이렇게 해서 나온 판단은 '나'라는 아집이 개입되지 않았기에 '일체 만유가 서로 연기되어진 전체로서의 나' 즉 한마음 불성에서 나온 해답이기에 언제나 맑고 향기롭습니다.

 이 또한 문제는 '나다' 하는 아집의 유무에 달려 있습니다. 아집을 모두 비워 버린 청정함 속에 내 삶의 그 어떤 의문도 명확해 질 것입니다. 확연해 질 것입니다.

연극의 주인공처럼

우리의 인생은 한바탕 신나는 연극이라 할 수 있습니다. 우리들 각자는 이 연극의 주인공이고 작가이고 감독입니다. 연극의 주인공은 그 연극의 대사가 슬프다고 실제로 슬퍼하고 그 대사가 즐겁다고 실제로 즐거워하지는 않는 법입니다. 연극이라는 것은 실제 상황이 아닌 비실제적인 것을 알기에 그 속에서 회사가 부도가 나든, 애인에게 버림을 받든, 직장 상사에게 비난을 받든, 사람들에게 심한 욕을 듣든 아니 그 이상의 괴로움 속에서도 겉으로 드러난 괴로운 표정 연극은 할지언정 실제 참된 주인공은 흔들려서 괴로워하는 일이 없습니다. 마찬가지로 아무리 즐거워도 크게 즐거움의 노예가 되어버리지는 않습니다. 어차피 연극인 줄 알기 때문입니다.

우리의 인생도 이러한 연극과 같이 비실제적인 것이기에 인생 속에서의 온갖 괴로움에 놀아나서는 안 됩니다. 괴롭다고 크게 얽매여 집착할 필요가 없으며 즐거움에도 크게 호들갑을 떨 필요는 없을 것입니다. 어차피 그 괴로움은 항상하는 것이 아니고 인연에 따라 잠시 온 것뿐이며 인연이 다하면 자연히 흩어지는 무상(無常)한 것이기 때문입니다.

인연법대로 우리들 사는 세상을 가만히 명상해 봅니다. 어느 하나 고정되게 돌아가는 것이 없습니다. 본래 나고 죽음도 없음이며, 본래 잘나고 못난 것도 없고, 잘 살고 못 사는 것도 없고, 괴롭고 행복한 것 또한 고정되게 존재하는 것은 아닙니다. 본래 그런 세상이라면 괴롭고 행복하고가 있을 것입니다. 그 속에 빠져 한없이 괴로워해야 할 것입니다.

그러나 세상은 고정된 바가 없이 인연 지은 대로 돌아갑니다. 어제 나쁜 도둑놈이 오늘 한없이 착한 자선가가 될 수도 있으며, 오늘 자선가가 내일 또 어떻게 바뀔지 모르기 때문입니다. 모든 것은 우리네 한마음에 달려 있습니다. 우리 마음 가운데에서, 우리의 자유의지 하나로 마음대로 바꾸고 살아갈 수 있는 것입니다.

그러니 어찌 인생을 연극이라 하지 않겠습니까. 이처럼 고정되지 않은 것이며, 언제라도 삶의 각본을 내 마음자리 하나 다스리는 것으로 바꾸어 낼 수 있으니 말입니다. 조금만 명상해 보시기 바랍니다. 고요한 명상을 통해 인생이 하나의 커다란 연극임을 깨닫는 순간 우리의 삶은 참으로 재미있어 질 것입니다.

더구나 연극의 주인공은 어차피 각본을 다 짜놓고 연극을 하기에 재미가 없지만 우리네의 인생은 당장 앞에 일어날 10분 후의 일도 예감할 수 없기에 더욱 박진감이 넘

칩니다. 이미 써있는 각본대로 움직이는 것이 아니고 우리의 자유의지에 따라서 충분히 내 연극의 각본(業力)을 바꾸고 살 수 있는 것입니다. 다시 말해 이미 전생 그 전생부터 가지고 있던 우리의 업장에 휘둘리며 살아가는 것이 아닌 현실에서 우리 자신의 자유의지에 따라 업이야 어떻든 충분히 내 삶을 바꾸어 나갈 수 있다는 것입니다.

 이 얼마나 재미있는 연극인가요. 이 얼마나 박진감 넘치고 흥미 있는 연극인가요. 이렇듯 우리의 삶이 한바탕 연극인 줄 올바로 아는 사람은 인생의 크고 작은 경계에 안달복달할 필요가 없습니다. 다만 그 연극에서 스스로 연극 전체(세계, 주위 환경, 사람들…)의 주인공이 되어 그 박진감 넘치는 연극을 즐기면 되는 것입니다. 이 얼마나 재미있는 인생인가요. 이렇게 인생은 즐기며 사는 것입니다.

 실로 인생 전체를 연극이라 관할 수 있다면 살며 느끼는 괴로움들은 크게 적어짐을 느낍니다. 다만 연극에 충실할 뿐 그 속에 얽매이고 집착하여 내 삶을 망쳐버리지는 않게 됩니다. 어느 날인가 문득 '인생은 참으로 연극과도 같구나' 하는 진한 감동이 가슴을 밀고 들어왔습니다. 그리곤 세상이 얼마나 아름다워 보였는지 모릅니다.

 지금까지 해 왔던 나의 모습들, 이기적인 모습, 작은 일로 아웅다웅하는 모습, 좀 더 성공하고자 애쓰는 모습, 남에게 잘 보이고자 하는 어리석은 분별들, 이 모든 것들이 참으로 헛된 것임을 새삼 절감할 수 있었습니다. 헛되지만 너무도 소중한 나의 모습임을, 이 모두가 내 연극 속의 주인공들임을, 주인공이 곧 엑스트라이고 엑스트라들이 모두 낱낱이 주인공임을, 이 모두가 참으로 고운 '하나'임을 말입니다. 세상은 참으로 살아 볼 만한 괜찮은 곳입니다.

저질러라. 표현이 성불의 지름길이다

 대학교 때인가 도반들 10여 명과 함께 매주 공부할 재료(기도문-혹은 화두-)를 가지고 한 주간을 화두 삼아 공부하고 주말이면 모여 함께 법담을 나누고 수행을 점검하는 그런 수행 모임을 했답니다. 그러던 중 어떤 한 주의 기도문이 "저질러라. 표현이 성불의 지름길이다."였습니다. 일단 마음 나는 대로 하라는 것입니다. 마음 가는 대로 이런저런 걸리는 것들이며 각종의 분별심일랑 모두 접어두고 일단 저질러 보라는 것입니다.

 모두들 '한번 저질러뵈?' 하는 마음으로 제각기 일터로 돌아갔습니다.

 그리고 한 주가 지났습니다. 여자 법우 한 분이 머리를 삭발하고 나타났습니다. 한 법우는 아예 나타나지도 않았습니다. 머리를 삭발한 여법우는 오래 전부터 출가에 대한 마음이 있었는데 한마음을 내기가 그렇게 힘들더라면서 '머리를 깎을 수 있을까' 하는 생각에 망설이는 자신의 마음을 관찰하고 그냥 '저질렀다'는 것입니다.

 다른 나타나지 않은 한 친구는 학교고 공부고 일단 다

때려치우고 돈 걱정도 제쳐두고 오래 전부터 하고 싶었던 무전여행을 전국 사찰로 떠났던 것입니다. 다녀와서 하는 말이 불교학과 학생증 하나만 가지고 있으니 전국 어느 사찰이든 먹고 자고가 프리패스더라는 겁니다. 참으로 많은 것을 배우고 왔다고, 발길 닿는 대로 마음 가는 대로 그저 내맡기고 가니 길이 보이고 고스란히 소중한 인연이 모여들고 그러더라고 신심을 내며 이야기합니다.

그래서 저도 그것을 배워 대학 3학년 말 겨울방학 때 그저 마음 하나 가지고 오래 전부터 하고 싶었던 길을 찾아, 미국행 차표 왕복 두 장을 가지고 무작정 미국으로 향했었답니다. 돈도 별로 없었고 더구나 겨울이라 추웠으며, 아무런 정보도 없었지만 하루하루 참으로 마음의 심지에 의지해 턱 맡기고 다니니 좋은 인연들만 만나게 되고 너무나 좋은 수행을 했었답니다. 한국인 사찰에 다니며 좋은 스님들과 수행과 포교에 대한 좋은 이야기도 많이 나눌 수 있었습니다.

이따금 '오늘밤은 어쩌지?' 하고 걱정이 앞설 때면 그 조바심 나는 마음을 더욱 턱 놓고 갔습니다. 그러면 신기하게도 길이 보이곤 했었답니다. 그러길 두 달 여가 지나도록 사전에 그 어떤 준비도 없이 마음 가는 대로, 발길 닿는 대로 다니던 여행치고는 참 밝은 만행길이 아니었나 되새겨 봅니다. 참 좋은 기억입니다.

그 어린 날 우리가 수행했던 "저질러라. 표현이 성불의 지름길이다."란 말이 "먼저 행동하고 생각하라."는 말과도 같은 말이라 생각합니다. 우린 생각의 꼬리, 분별심의 꼬리를 따라 마음을 빼앗겨 버리기 쉽답니다. 마음에서 시키는 대로 마음 가는 대로 하고 싶어도 이놈의 분별심이 가만히 놔두지를 않는답니다. 이따금은 사회적 통념이 나를 바보로 만들기도 합니다. 그럴 때는 그저 과감히 놓아버리고 저지르는 것처럼 훌륭한 수행이 없습니다. 그렇게 저지르고 나면 그놈의 분별심이 꼬리를 빼고 도망가게 됩니다.

선뜻 저지르지 못하는 우리 마음의 이면에는 지금까지 살아 온 나날들의 수많은 고정된 관념들이 나를 얽어매고 있습니다. 그것은 '이래야 한다' '이렇게 해서는 안 된다' 하는 식의 사회적 통념이기도 하고, 혹은 내 마음 속에서 고정해 두었던 나 자신에 대한 자기 암시일 수도 있습니다.

어쨌든 사람들은 지금까지 살아오며 행해 보지 못한, 혹은 마음속에서만 품고 있을 법한 그런 이상들을 가지고 있지만 그것들을 현실에 옮겨 보지는 못하는 경우가 많습니다. 온갖 분별심들과 근심 걱정들이 발길을 옥죄이기 때문입니다. 턱 하고 저질러 보는 것이 때로는 삶의 큰 힘이 되기도 합니다. 고정된 틀에서 벗어나 보는, 도전해 보는 그 자체만으로도 마음 속에 가지고 있던 무겁던 삶의 무게들을 편안히 놓아 버릴 수 있을 것이기 때문입니다.

한 생각 일어나면 먼저 행동해 보세요. 예를 들어 오늘 아침부터 일찍 일어나 108배를 하고, 혹은 조깅을 해야지 하고 생각하지만 과연 내가 할 수 있을까, 피곤하지 않을

까 하는 분별심이 연이어 일어나게 됩니다. 그러나 그런 분별심을 내기 전에 한번 저질러 보는 것입니다. '까짓 내일 아침부터 시작이다' 하고 말입니다.

그러나 막상 아침이 되어 자명종이 울리는 순간 잠시 일어나 앉았다가는 분별심이 꼬리에 꼬리를 물고 일어남을 느끼실 것입니다. '내일부터 할까' '오늘은 너무 피곤해' '오늘은 직장에서 중요한 일도 있는데' 하고 계속해서 분별심이 일어나다 보면 조깅이며 108배를 하기는 이미 틀렸습니다. 그러나 자명종이 울리는 그 순간 함께 올라오는 분별심일랑 놓아버리고 먼저 행동부터 하는 것입니다. 바로 일어나 세수부터 하고, 옷부터 갈아입고, 신발부터 신고, 뛰쳐 나가는 것부터 하는 것입니다. 당장에 일어나 염주를 들고 절부터 하고 보는 것입니다. 분별심은 몸뚱이 착을 다스리는 쪽이 아닌 정당화하는 쪽으로 흐를 것이기 때문입니다.

저질러라. 표현이 성불의 지름길이다.

이래도 좋고 저래도 좋은 법

우리 삶의 본질은 이래도 좋고 저래도 좋은 그저 있는 그대로 여여한 모습입니다. 어느 한 쪽을 고집하지 않는 것이 수행자의 삶입니다. 한 쪽을 고집하면 고집한 만큼 그대로 되지 않았을 때 괴로움이 생깁니다. 어떤 일에 있어서라도 이러 저러하게 되어야 한다고 고집을 하게 되면 이미 그렇게 고집한 만큼 행복의 가능성은 줄어들고 괴로움의 가능성은 늘어나게 되는 것입니다.

우리의 삶은 수없이 많은 선택의 과정입니다. '이렇게 할까 저렇게 할까', '적어도 이 정도는 되어야 하는데' 하고 생각하지만 꼭 이렇게 되어야 한다는 법은 어디에도 없습니다. 우리의 삶은 이렇게 되면 이렇게 되어서 좋고, 저렇게 되면 저렇게 되어서 좋은 그런 텅 비어 있는 삶이 되어야 합니다. 마음속에 고집을 텅 비워 버렸을 때, 꼭 이렇게 되어야 한다는 고정관념을 버렸을 때 우리의 삶은 참으로 맑아집니다. 본래 고정된 관념은 어디에도 없기 때문입니다. 다만 사회에서 만들어 둔 고정관념에 얽매여 그 사회적 통념의 노예가 되어 버리기에 괴로운 것입니다.

신랑감을 고르는데 키는 170이 넘어야 하고 4년제 대학도 나와야 하고 연봉이 얼마 정도는 되어야 하며 성격 좋고 인물 좋고 돈도 많고, 이런 단서를 달아 두게 되면 많이 달아 둘수록, 또 그것에 많이 고집할수록 나의 선택의 폭은 줄어들게 됩니다. 그래서 그대로 되지 않게 되면 괴로움을 느낍니다. 스스로 정해둔 고정관념에 스스로 빠지게 됩니다. 본래 사람과 사람이 만나 결혼을 하는데 키가 무슨 상관이며, 4년제 대학, 연봉은 또 무엇입니까?

사회에서 고정 관념 지어 놓은 틀에 빠지면 안 됩니다. 봉급이 적으면 함께 열심히 벌어 아끼며 돈 버는 재미에 살면 되니 좋고, 또 많으면 많은 대로 어려운 이들 도우며 회향하고 살면 되니 좋고, 키가 크면 크니까 좋고, 작으면 작은 대로 좋고, 4년제 대학 나오면 나온 대로 좋고, 안 나오면 안 나온 대로 좋은 것인 줄 알아야 합니다.

키에, 월급에, 대학에, 외모에, 이런 데에 행복이 있는 것이 아닙니다. 결혼하면 최소한 몇 평짜리 아파트에 TV, 냉장고, 오디오, 이것저것 등은 갖추고 살아야지 한다면 이미 걸리는 것입니다. 아무리 사랑하는 이를 만나더라도 그대로 되지 않았을 때 괴롭게 되는 것입니다. 셋방이면 셋방대로 좋고, 월세면 월세대로 좋고 아파트면 또 그대로 좋은 것입니다.

행복은 몇 평짜리 아파트에 고정된 것이 아닙니다. 법정 스님이나 홀로 산중 토굴에서 정진하시는 스님네는 전기가 들어오는 것조차 달가워하지 않습니다. 전기가 들어오면 전기밥솥도 있어야 하고 스탠드도 있어야 하고 그러다 보면 이것 저것 딸려 오는 것이 많기 때문입니다. 그러나 그 누구보다 행복합니다. 그 누구보다 자유롭습니다. 반면에 우리는 '행복'을 고정지어 두고 살아갑니다. 우리의 잣대를 가지고 그것도 사회에서 고정되어진 잣대를 내 생각이라 우기면서 스스로 정해 둔 잣대에 빠져 괴롭게 됩니다.

생활 속에서 이런 저런 일을 추진할 때에도 마찬가지입니다. '반드시' 이렇게 되어야 한다는 생각을 깊이 고정지어 두면, 그 고정된 관념의 틀이 크면 클수록 괴로움 또한 점점 커지게 됩니다. '반드시'라는 것은 없습니다. 그 어떤 것도 모든 가능성은 활짝 열려 있습니다. 자신의 생각을 깊이 고정 짓지 마시기 바랍니다. 내 생각대로 되면 그대로 되니 좋은 일이고 생각대로 안 되면 '이 생각이 잘못된 것일 수도 있으니 잘 되려고 안 되는 것이구나' 하고 마음 돌릴 수 있어야 합니다. 신정 어떤 틀에도 고정되게 마음을 머물게 해선 안 됩니다. 어느 한 쪽에 마음이 머물러 그 고집으로 꽉 차 있는 것이 병통입니다.

그 고집을 놓아 텅 비게 하면 세상 모든 일은 저절로 되어지게 돼 있습니다. 어떤 중요한 일을 하고 있는데 병이 나서 힘이 든다고 '병'에 빠져 괴로워할 필요는 없습니다. 병이 나면 나는 대로 조금 힘들게라도 하던 일을 그저 계속 하면 되는 것입니다. 병에 분별심을 낼 필요는 없습니다. 그러다가 너무 아파 힘이 들면 그저 물 흐르듯 하루 이틀 정도 쉬면 됩니다. 꼭 해야 되는 중요한 일이기 때문에 쉬면 안 돼 안 돼 하며 고집할 필요는 없습니다. 아파 못 하면 못하는 것이 길이고 아프지만 그럭저럭 하게 되면 또 그것이 길이며 아프지 않아 흔쾌히 할 수 있으면 또 그것이 길인 것입니다.

이런 놓아 가는 마음으로 일을 해야지 일에 집착하는 마음이 크면 클수록 병 때문에 일을 못한다는 마음에 더욱 괴롭게 됩니다. '일'에 걸려 괴롭고, '병'에 걸려 괴롭습니다. 그렇게 일체를 하나도 빠짐없이 굳게 믿고 놓으며 나아가면 세상이 다 내 것입니다. 모두가 내 마음먹은 대로 되어지는 것입니다. 되면 되는 대로, 안 되면 안 되는 대로, 그것이 모두 길이며 진리인 것입니다. 이렇듯 세상 모든 일은 물 흐르듯 그렇게 자연스러워야 합니다. 이래도 좋고 저래도 좋은 이 맑은 세상에…

일체를 다 받아들여라

　현실이라는 지금 이 순간 내 앞에 일어나는 안팎의 일체 모든 경계는 재수없게 어쩌다 생겨난 일이 아니요, 우연이나 숙명적으로 생겨난 일도 아니며, 그 어떤 절대자가 나를 시험해 보기 위해 만들어 낸 것 또한 아닙니다. 내 앞에 펼쳐진 모든 경계는 모두가 내가 만들어 낸 그림자 같은 환영일 뿐입니다. 잠시 분별심 내어 만들어 낸 거짓된 신기루이며 한바탕 꿈일 뿐입니다. 인연 따라 잠시 생기고 인연이 다하면 자연스레 소멸해 버리는 인연생(因緣生)이며 공생(空生)입니다.

　그렇기에 일체는 다 공(空)하다 하는 것입니다. 일체는 다 인연생이라 하는 것입니다. 내가 과거에, 그리고 전생에 지어 온 일체의 모든 행위들이 원인의 씨앗이 되어 때가 되면 무르익어 열매가 열리듯 그렇게 때맞춰 과보를 가져오는 것일 뿐입니다. 그렇게 고정됨이 없이 만들어졌다가 그저 인연 따라 흩어지는 것일 뿐입니다. 누가 인연 지어 주는 것이 아닙니다. 내가 짓고 내가 받는 것입니다. 쉽게 내뱉었던 말 한마디, 머리 굴려 쥐어 짜낸 생각 하나

하나, 아무 생각 없이 한 행동 하나하나가 0.1%의 에누리도 없이 우리의 현실을 만들어 냅니다.

어느 것 하나 우연이 없습니다. 수억 겁을 윤회하며 우린 참 많은 행위를 일으키며 살았습니다. 수많은 업을 짓고 살았습니다. 지금 우리의 마음 속엔 그 오랜 세월 동안 지어 온 일체의 모든 업장이 고스란히 다 녹아 있습니다. 선한 마음으로 일으킨 신구의 세 가지 선업도 들어 있고 악한 마음으로 일으킨 탐진치 3독심도 가득합니다. 누구 하나 선한 업만을 지은 이도 없고 누구 하나 악한 업만을 지은 이도 없을 것입니다. 누구나 선악의 모든 업을 짓고 살았습니다.

그렇기에 우리의 현실은 괴로움과 즐거움이 공존하는 것입니다. 선업만을 짓고 살았다면 물론 즐거운 일만 있을 것이고 악업만을 짓고 살았다면 물론 괴로운 일만 있을 테지만, 이 모든 선악의 일상이 우리의 과거이므로 내 앞에 펼쳐진 현실이나 미래 또한 괴로움과 즐거움의 수없는 반복이 될 것입니다.

여기까지는 대부분의 사람들이 공감을 합니다. 그러나 이와 같은 인과의 도리를 실천하는 이는 그리 많지 않습니다. 사람들은 절에 오면 좋은 일만 있게 해 달라고 기도를 합니다. 나쁜 일들은 부처님께서 다 거두어 주시고 늘 즐거운 일만 있게 해 달라고 기도를 합니다. 그러나 그건 아닙니다. 부처님 앞에서 당당해 져야 합니다. 떳떳해 져야 합니다. '내가 지은 것 모두 내가 받겠습니다.' 하는 마음이 진실된 수행자의 마음입니다. 즐거움도 괴로움도 모두 받아들이는 것이 수행자의 자세입니다.

내 앞에 펼쳐진 일체의 모든 경계는 하나도 버릴 것이 없습니다. 다 이유가 있기에, 원인이 있기에 나온 것입니다. 짓지 않은 것은 절대 나올 수가 없습니다. 안팎의 일체 모든 경계를 다 받아들이는 것이 진정한 수행심입니다. 불교 교리의 핵심을 연기법, 인과법이라 말합니다. 대승불교에서는 '공'이라 말합니다.

큰스님네들은 연기와 공을 실천키 위해 '마음을 비워라', '놓아라'고 이야기합니다. 어떻게 해야 연기, 공을 실천할 수 있고, 어찌 해야 비울 수 있습니까. 모두를 버리고 현실에서 도피하는 것이 진정 비우는 것인가요? 비운다는 것은, 공을 실천한다는 것은, 연기를 실천한다는 것은 내 앞에 펼쳐진 일체 모든 경계를 있는 그대로 다 받아들여야 함을 의미합니다. 지을 때는 선도 악도 모두 닥치는 대로 지어놓고 받을 때 되어선 좋은 것만 받겠다고 하니 중생심이란 얼마나 교활합니까? 괴로움은 받기 싫은데 지어 놓았으니 지은 대로 자꾸 나오게 되고 그걸 받지 않으려고 하니 괴로운 것입니다. 내 앞에서 당당해 지세요. 있는 그대로 모두를 받아 들이세요.

나는 수행했으니, 나는 기도 열심히 하고 있으니 괴로움이 비켜갈 것이라는 어리석은 생각을 하지는 않으셨나요? 진정한 수행자라면 괴로움, 즐거움 이 모두를 다 받아들일 준비가 되어 있어야 합니다. 그리고 당당히 싸워 몽땅 녹일 수 있어야 합니다. 기도, 수행 많이 한다고 괴로움이 비켜 가는 것이 아닙니다. 다만 그 수행심으로 괴로움에 걸리지 않는 것입니다. 수행자는 괴로움 없는 이가 아니라 괴로움에 얽매이지 않는 이입니다. 괴로움의 과보가 왔을 때 싫다고 비켜 가면 그만인 듯하지만, 도리어 더 큰 과보가 되어 언젠가 내 앞을 가로막을 것입니다. 반드시 그렇게 되어 있는 것이 법계의 이치입니다.

그렇기에 다 받아들이고 그 모든 경계를 다 녹여 내셔야 합니다. 내 안에서 다 녹여 낼 수 있어야 합니다. 우리의 마음은 용광로라고 하지 않던가요. 그 어떤 경계일지라도 나의 참 생명 주인공 속에 몰록 놓고 나면 다 녹아들게 되어 있습니다. 하늘이 무너진다 해도 그 어떤 경계가 두려움을 몰고 온다 해도 묵묵히 관찰하고 다 놓고 다 비우고 다 받아들이세요. 나의 참 생명은 무엇이든 다 녹일 수 있는 부처님이십니다.

고백도를 높여라

 세상 누구라도 자기만의 비밀을 가지고 있지 않은 사람은 얼마 되지 않습니다. 또한 비밀의 선도 상대에 따라 각기 다르게 나타납니다. 내면에 가지고 있는 비밀을 10단계로 구분 지어 지하 1층에서부터 지하 10층까지로 나눈다고 생각해 보았을 때 어떤 이에게는 지하 1층 정도만 또 다른 이에게는 지하 5층까지도 또 어떤 이에게는 겉으로 드러난 모습 그 이외에는 절대 보이려 하지 않을 수도 있습니다.

 아마도 대부분의 사람들은 내면 깊은 곳에 간직하고 있는 지하 9층, 10층 정도의 비밀을 쉽게 표현하기란 참으로 어려울 것입니다. 어떤 이들은 지하 3층 정도까지의 마음만을 상대에게 드러낼 수도 있을 것이고 어떤 이들은 지하 7층 정도의 깊은 마음까지도 상대방에게 쉽게 드러낼 수도 있을 것입니다.

 비밀이 많은 사람일수록 자유롭지 못하며 건전하고 맑은 마음을 가지기 어렵습니다. 내면에 있는 마음을 좀 더 깊은 곳에까지 드러낼 수 있는 사람일수록 내면의 지하로

3층, 4층, 5층… 이렇게 깊은 곳에까지 수면 위로 드러낼 수 있는 그런 사람일수록 마음은 좀 더 자유롭게 되고 맑고 향기로운 일상을 만들어 낼 수 있습니다.

밝은 모임의 '마음 나누기' 장에서는 자신의 못난 모습, 이기적인 모습, 비겁한 모습에서부터 도저히 어느 누구에게도 드러낼 수 없는 그런 이야기들까지 자유롭게 끄집어낼 수 있도록 어느 누구나 그를 향해 마음을 열어 두고 있습니다. 내면 깊은 곳에 있는 자신의 치부를 드러내기란 참으로 큰 용기가 필요할지 모릅니다. 나의 못난 모습, 이기적인 모습을 드러낸다는 것은, 나만이 알고 있는 비밀을 드러낸다는 것은 나를 비울 수 있는 용기가 있다는 말입니다.

우리가 내면에 가지고 있는 사소한 것에서부터 무거운 비밀에 이르기까지 이 모든 것을 다른 누군가에게 드러내지 못하는 이유는 '나다' 하는 아상(我相)이 있기 때문입니다. '이런 이야기를 하면 다른 사람이 나를 어떻게 볼까!' '나를 이상한 사람으로 생각하면 어쩌지?' '저 사람이 나를 멀리하면 어쩌지?' 이렇듯 그 안에는 '나'라는 것이 깊숙이 자리잡고 있다는 것을 알아야 합니다.

수행은 아상을 비우는 것이라 했습니다. 비밀 때문에 고민하고 비밀을 남이 알게 될까봐 걱정하는 그 마음으로 세상을 살아가니 세상이 두려운 것입니다. '나'를 비우고 놓아 버렸을 때 그 안에 밝게 빛나는 '참 나'는 고고히 빛을 발하며 드러날 것입니다. 집착을 놓고 마음이 자유로워지시기 바랍니다.

 고백도를 높여야 합니다. 비밀이 많은 사이일수록 맑아지기 힘이 듭니다. 비밀이 많다는 것은 건전하지 못한 마음입니다. 아상이 전제된다는 것은 이기심의 씨앗을 내포하고 있음을 알아야 합니다. 우선 먼저 다가가 나의 비밀을 열어 보십시오. 내가 맑아지면 상대도 맑아지게 되어 있는 것이 법계의 이치입니다. 상대방 또한 비밀이며 내면의 마음들을 하나 둘 씩 끄집어내게 될 것이며, 그 속에서 좀 더 진실된 서로의 모습을 볼 수 있게 되고 좀 더 사심없이 맑게 다가갈 수 있을 것입니다.

 상대가 나를 어떻게 볼까 하는 마음은 그저 텅 비워 버리고 방하착해 버리고 맑고 고요한 마음으로 다가가 내면의 지하에서 괴로워하고 있는 그 모든 탁한 마음들을 끄집어내십시오.

 지하 1층, 2층, 3층… 그렇게 조금씩 조금씩 마음을 맑히면 됩니다. 더 이상 내면 가운데 지하의 층수가 사라질 때까지 그렇게 그렇게 고백도를 높여 보세요.

 못난 모습, 이기적인 모습, 못 사는 집안 사정, 별 볼품없는 나의 직장, 보기 싫은 부모님, 과거부터 숨기고 있었던 죄의식들까지, 이런 나의 모습들은 결코 '죄'가 아닙니다. 어리석은 마음이 일으킨 '죄의식'일 뿐입니다. 오히려 이런 모습들을 드러내지 못하고 숨기는 것이 죄라면 죄일 수 있습니다. 숨기고 있던 그 모든 모습들을 버리고 또 다른 예쁘게 포장한 '나'만을 드러내려 해선 안 됩니다. 미운 모습, 예쁜 모습, 잘난 모습, 못난 모습, 이기적인 모습, 이타적인 모습 이 모든 모습 모습들을 다 포함하고 있는 '나'가 진정한 나의 모습입니다. 숨길 필요는 없습니다.

　나를 비워야 합니다. 내가 없다면 부끄러워할 나도 없어지고 다른 사람의 눈에 이러 저러하게 보일 나 또한 없어지게 됩니다. 그렇게 아상을 놓고 나면 저 깊은 곳에 잠자고 있던 고요한 '참 나'가 가만히 드러날 것입니다. 맑은 나의 모습을 보며 한없는 기쁨을 느낄 수 있을 것입니다.

버릴 것도 없고 잡을 것도 없다

하나도 버릴 것 없는 세상입니다. 즐거움은 즐거움대로 괴로움은 괴로움대로 인연 따라 온 것 인연 따라 마음 열어 받아들이면 그만입니다. 인생 앞에 펼쳐질 그 어떤 경계일지라도 일체를 다 받아들일 수 있어야 합니다. 이 모두가 내가 지었기에 당연히 내가 받아야 하는 철저한 인과의 통 속입니다. 다가오는 크고 작은 경계들은 결코 나를 해칠 수 없으며, 나를 이길 수 없습니다. 버리려고 애를 쓰면 쓸수록 다가오는 경계는 더욱 큰 힘을 발휘하여 나를 짓밟을 것입니다. 무소의 뿔처럼 거칠 것 없는 마음으로 일체를 다 받아들이십시오.

받아들이되 그 경계에 속아서는 안 됩니다. 놀라지도 말고 두려워할 필요도 없습니다. 받아들인 경계는 인연 따라 잠시 생겨났기에 물거품과 같고 신기루와 같은 어설픈 환영일 뿐입니다. 괴로워하지 마세요. 두려워하지 마세요. 나약한 마음은 실체가 없는 경계들에게 자아의식을 강하게 심어줄 뿐입니다. 그 환영 같은 경계들을 실재하게 만들어 버립니다.

그렇게 되면 그 경계는 내 앞에 커다란 두려움의 존재로 실재하게 될 것입니다. 본래 있지도 않은 경계를 애서 만들게 되는 결과를 가져오고 말 것입니다. 용광로와 같고 바다와 같은 밝은 참나 한마음 속에 다 집어넣고 녹일 수 있어야 합니다. 그렇게 경계에 마음을 이끌리지 않고 비워 버리게 되면 경계는 이제 더 이상 고통도 기쁨도 아닙니다. 그저 스치는 하나의 작은 인연일 뿐입니다. 못 받아들일 이유가 하나도 없습니다. 지금의 모든 경계는 과거에 내가 지은 인연에 대한 과보이므로 이를 받아들이지 않는다는 것은 원인은 지어두고 과보는 받지 않겠다는 도둑의 마음입니다.

  하나도 잡을 것 없는 세상입니다. 즐거움은 즐거움대로 괴로움은 괴로움대로 인연 따라 온 것 그저 인연의 흐름에 맡겨 두어야 합니다. 인생 앞에 펼쳐질 그 어떤 경계일지라도 일체를 다 놓아 버릴 수 있어야 합니다. '잡음'이 있으면 괴로움이 뒤따릅니다. 그저 인연 따라 잠시 왔다 잠시 스쳐갈 수 있도록 놓아두어야 합니다. 이 모두가 내가 인연 지었기에 당연히 내게로 돌아 온 철저한 인과의 통 속입니다. 그 결과에 또 다른 착(잡음)을 두어서는 안 됩니다. 작은 마음으로 욕심 부려 잡게 되면 또 다른 괴로움이 시작된다는 것을 알아야 합니다. 이 세상 그 어떤 경계도 애착을 둘 만한 것은 없습니다.

  그저 텅 빈 가운데 신기루처럼, 때론 환영처럼 인연 따라 잠시 일어났다 잠시 스쳐 가는 것을 애서 착(著)을 두어 붙잡으려 하기에 애욕이 일고, 욕망이 일어 인연 다해 없어지면 괴로움을 느끼는 것입니다. 어느 하나 '착'을 두지 말고 텅 빈 한마음으로 놓아 버려야 합니다. 이 용광로와 같은 한마음 속에 온갖 경계들을 다 집어넣고 녹일 수 있어야 합니다. 어떤 경계라도 '착'을 두어 붙잡고 있어서는 안 됩니다. '착'을 두게 되면 애착에 따른 욕심이 생기게 되며 내 것으로 만들려는 아상(我相)을 키우는 결과를 초래합니다.

결국, 내 앞에 펼쳐지는 세상 모든 경계는 어느 하나 버릴 것도 없고 잡을 것도 없습니다. 경계가 괴롭다고 외면하고 버려서도 안 되며 경계가 즐겁다고 착을 두어 잡아서도 안 됩니다. 인연 따라 잠시 오듯 물 흐르듯 다가오는 경계 가만히 흐르도록 내버려 두어야 합니다. 다가오는 물이 싫다고 억지로 다른 쪽으로 물길을 돌리려 애쓸 필요도 없으며 (버릴 것도 없고) 너무 좋다고 물길을 틀어막아 가두어 둘 필요도 없습니다. (잡을 것도 없다)

미운 것 '내 것'의 울타리 밖으로 버리려 애쓰지도 말고 좋은 것 '내 것'의 울타리 속으로 끄집어 들이지도 마십시오. 오직 '내 것'이라는 울타리만 깨 버리면 버릴 것도 없고 잡을 것도 없습니다. 본래 모두가 내 것이며 모두가 내 것 아님이니, '전체로서 하나'인 무량수 무량광 법신 부처님의 텅 빈 밝은 세상, 그저 오면 오는 대로 가면 가는 대로 인연 따라 다가온 물의 흐름대로 그렇게 가만히 흘러가도록 내버려두면 되는 것입니다.

잡으면 잡아서 괴롭고 버리면 버려서 괴로운 것이 우리네 기막힌 삶입니다. 오직 중도(中道)!! 그 하나면 족합니다. 그저 턱! 놓아버리고 물 흐르듯 여여하게 흘러가는 유수(流水) 같은 수행자가 되어야 합니다.

죽음 앞에 당당하라

 우리의 삶에 있어 가장 큰 괴로움은 역시 '죽음'일 것입니다. 어떤 사람이 죽음 앞에서 자유로울 수 있을까요. 그러나 반야심경에서는 불생불멸(不生不滅)이라 하여 생하고 멸하는 것 또한 본래로 존재하는 것이 아니라고 말하고 있습니다. 불생불멸이란, 태어남과 죽음, 만들어짐과 사라짐의 양극단을 부정한 것입니다. 일체의 모든 존재는 연기의 법칙에 의해 인과 연이 화합하면 만들어지는 것이며(生), 이 인연이 다하면 스스로 사라지는 것(死)일 뿐입니다.

 예컨대, 나무와 나무가 있다고 했을 때 이 나무(因)와 나무(因)를 인위적으로 비벼줌(緣)으로써 불(果)을 얻을 수 있으며 우리는 따뜻함(報)을 얻을 수 있게 됩니다. 본래 나무와 나무 사이에 불이 있던 것이 아니며, 공기 중에 있던 것도, 비벼주는 손 안에 있던 것 또한 아닙니다. 불은 다만 인연 따라 생겨난 것일 뿐입니다. 또한, 일정한 시간이 지나 나무가 모두 타게 되면, 인과 연이 소멸하였기에 불은 자연히 스스로 꺼지게 되는 것입니다. 모든 존재 또한 이와 마찬가지로 인연생기(因緣生起)하며 인연 소멸(消滅)

하는 것일 뿐입니다. 즉, 불이 본래 있던 것이 아니듯, 우리 존재 또한 본래 있는 것이 아니라 인연에 따라 잠시 생겨나고 인연이 다하면 죽게 되는 것이라는 말입니다.

시냇물이 태양이라는 연(緣)을 만나 수증기가 되고 수증기가 뭉쳐 구름이 되며 구름이 다시 비가 되고 눈이 됩니다. 그렇다고 우린 시냇물이 죽고 수증기가 되었다고 하지 않으며 수증기가 죽어 구름이 되었다고 하지 않는 것처럼 우리의 인생 또한 그와 같이 돌고 도는 것입니다. 구름이 없어짐(死)과 동시에 비가 생겨나듯(生) 생하는 순간 멸하는 것이며 멸하는 순간 다시 생하는 것이 모든 존재의 이치인 것입니다. 그렇기에 우리네 죽음 또한 끝이 아니라 또 다른 시작일 뿐입니다. 이 껍데기 유효기간이 다되어 새롭게 몸을 바꾸는 것일 뿐입니다. 이 생에서 지은 업에 걸맞는 새로운 껍데기를 찾아 새로운 여행을 떠나는 것일 뿐입니다.

선업의 과보는 천상이요, 악업의 과보는 지옥이며, 탐욕의 과보는 아귀, 성냄의 과보는 수라, 어리석음의 과보는 축생이 되는 것입니다. 이렇게 돌고 도는 것일 뿐이지 그 본성에 있어서는 죽고 사는 것이 아니며, 영원성을 지닌 것입니다. 이처럼 본래부터 생멸이 있는 것은 아닙니다. 그러나 우리들 범부의 눈으로 보면 모든 존재가 실재적 생멸이 있는 것처럼 착각하게 되고, 그러므로, 거기에 집착하게 되는 것입니다. 그렇게 집착하므로 온갖 괴로움이 따라붙게 되는 것입니다.

이렇게 모든 존재를 바라볼 때, 생과 사를 초월하여 인연 따라 다만 흐르는 것이라는 것임을 올바로 이해하는 것이 바로 공성(空性)의 올바른 이해이며 연기(緣起)의 올바른 이해인 것입니다. 즉, 연기된 존재이기에 불생불멸이며, 그렇기에 공인 것입니다. 우리의 본성, 모든 존재의 본성은 시간과 공간을 초월하여 영원하고, 무한하여 본래 생과 사가 없는 것입니다.

 이와 같이 명상할 수 있다면 우리네 목숨 없어지는 것에도 여여(如如)할 수 있어야 합니다. 죽음이라는 일생 일대의 명제 앞에 두고 당당히 싸워 이겨낼 수 있어야 합니다. 죽음조차 이겨낼 수 있다면, 죽음의 관념조차 텅 비워 방하착할 수 있다면, 인생에서 오는 그 어떤 괴로움도 여여하게 이겨낼 수 있을 것입니다. 죽음이라는 명제 앞에서는 그 어떤 일상의 괴로움도 그다지 큰 괴로움이 아닐 것이기 때문입니다. 까짓 죽음을 넘어설 수 있다면, 생사를 놓아버릴 수 있다면 인생에서 오는 그 어떤 괴로움도 넉넉히 이겨낼 수 있을 것입니다.

 저는 이따금 죽음에 대한 명상을 합니다. 아무리 힘겨운 경계라도 죽음과 맞바꿀 수는 없기에 죽음을 초월하는 명상 앞에 더 이상 괴로움은 있지 않습니다. 늘 죽음과 마주하는 삶, 죽음을 준비하는 삶을 사는 것이 우리네 생활 수행자들의 첫 번째 마음 자세라 생각합니다. '죽음'이 결코 생의 끝이 아닌 생의 일부분임을 명상하며, 이렇게 살아 있음에 감사할 수 있는 넉넉한 수행자가 되어보시기 바랍니다.

크게 포기하라

 그 어떤 일이든 언제라도 포기할 수 있는 마음의 준비가 되고 나서야 그 때 정말로 시작할 수 있습니다. 보통 '포기'라는 말은 나약한 자아를 일컫는 대명사처럼 쓰여왔습니다. 우리는 누구나 포기하면 안 된다고 어릴 적부터 교육받아왔습니다. 한 번 시작한 일이면 무조건 끝장을 보아야 한다고 말입니다. 그런 투사다운 강인한 정신교육이 우리 사회를 많이도 각박하게 만들어 놓았습니다.

 저는 조금 아이러니하게도 오히려 '포기'할 수 있는 용기를 이야기하려 합니다. 이것 아니면 안 된다, 나 아니면 안 된다, 이 일 아니면 안 된다, 이 사람 아니면 절대 안 된다, 세상엔 '아니면 절대 안 될' 일들이 너무나도 많습니다. '절대'라는 단어가 너무 쉽게 내팽개쳐지고 있는 느낌입니다. 절대라는 단어는 참으로 경계해야 할 말입니다. 쉽게 내뱉어서는 안 될 말입니다. 진정 '절대'를 써야 할 곳은 어디에도 없다고 봄이 옳을 것이라는 것이 제 생각입니다.

 '아니면 절대 안 될' 그런 것들 때문에 사회 곳곳은 투

쟁과 노여움, 분노로 얼룩져 있는 느낌입니다. 나에게 '아니면 절대 안 될' 일은 상대방에게 '꼭 그렇게 되야 할' 일일 수도 있음을 쉽게 인정하려 하지 않습니다. '절대' 이렇게 또는 저렇게 되어야 할 일은 어디에도 없습니다.

이 세상 그 어떤 가치도 상대적이며 상황에 따라 돌아갑니다. 똑같은 일이 상황에 따라 선이기도 하고 악이기도 하며, 상대에 따라 기쁨이기도 슬픔이기도 한 것이고, 또 때에 따라서는 사랑이 증오며 집착이 되기도 하는 것입니다. 딱히 고집할 만한 것은 세상 어디에도 없습니다. 억척스런 '고집'보다는 용감한 '포기'가 아쉬울 때인 듯합니다. 무엇이든 일을 시작할 때는 '포기'할 수 있겠는가를 먼저 묻고 나서 '예'라는 대답과 함께 시작하라고 말하고 싶습니다.

포기라는 것은 비굴함의 다른 말이 아닙니다. 실패의 다른 말이 아닙니다. 오히려 '열려 있음' 혹은 '비어 있음' 방하착(放下着), 때로는 신축성을 의미하기도 합니다. 포기할 수 있어야 한다는 말은 놓아버릴 수 있어야 한다는 말이기도 합니다. 이 세상엔 끝까지 붙잡고 있어야 할 만한 것은 어디에도 없기 때문입니다.

크게 포기할 줄 아는 이야말로 무엇이든 크게 이루어 낼 수 있습니다. 어디에도 얽매이지 않고 자유롭게 세상을 살아갈 수 있습니다. 우리의 삶에 있어 내가 붙잡고 살아가는 가장 중요한 것은 무엇인가요. 이것 없으면 도저히 안 된다고 여기던 것 말입니다. 머릿속에 들어있는 '지식'

일 수도 있고 사랑하는 사람일 수도 있으며 하고 있는 직업이 될 수도 있습니다. 신념이 될 수도 있고 명예나 권력이 될 수도 있을 것입니다.

우린 대부분 이것 아니면 안 된다는 생각을 가지고 세상을 살아가기 일쑤입니다. 이 사람 아니면 안 된다, 이 종교 아니면 안 된다, 이 일이 아니면 안 된다는 지독한 고정관념에 빠져서 말입니다.

그러나 본래 태어날 때부터 내 직업, 내 사람, 내 종교, 내 신념을 가지고 태어난 것이 아니듯 우리가 이것 아니면 안 된다고 생각하던 것들은 대부분 잘못된 편견인 경우가 많습니다. 이 직업 아니면 안 된다는 생각이라면 다른 직업을 가진 사람은 모두 안 될 일을 하고 있는 것인가요? 이 여자, 이 남자 아니면 안 된다는 생각이라면 세상에 많은 사랑하는 이들은 모두 안 될 사랑을 하고 있는가요? 이 세상엔 수많은 직업과 사람과 종교와 명예와 지위와 수많은 가치들이 있게 마련입니다. 그 속에서 다만 살아 온 인연 따라 직업도 가지고, 사람도 사귀고 그러는 것입니다.

그러나 우리들 대부분은 이것 아니면 절대 안 된다는 지독한 고정관념, 편견의 울타리에서 벗어나지 못하고 살아가게 됩니다. 이 여자 아니면 절대 안 될 것 같고 그 여자 없으면 죽을 것 같다가도 어쩌다 헤어지게 되면 또 다른 여자를 만나 행복하게 잘 사는 경우는 많습니다. 그러나 그 당시에는 그녀 없으면 못 살 것 같고 당신은 나의 여신이며, 나는 당신의 종이며 목숨까지 내 놓을 수 있고 뭐 할 수 있는 것은 다 합니다. 이런 상황 즈음에 상대가 떠나간다고 하면 당장에 죽겠다고 야단들입니다. 크게 야단치는 사람치고 금세 마음 변해 다른 사람 사귀지 않는 이도 없을 듯합니다. 그 때는 안 될 것 같아도, 그 상황 속에 얽매여 있을 때는 다른 것은 절대로 안 될 것같이 느끼다가도 그 상황을 한생각 돌이켜 툭 털고 나와보면 또 다른 수많은 일들이 우리 앞에 펼쳐져 있게 마련입니다. 바로 그 점이 문제이고 병통이며 우리가 올바로 알고 대처해야 할 삶의 진리이기도 합니다.

얽매여 있음과 한 생각 돌이켜 턱 놓아 버리는 것, 이 양자 사이에 지옥과 천상이, 생사와 해탈이 놓여 있습니다. 늘 집착을 두지 않고 마음을 고정짓지 않아 활짝 열어 놓고 있으면 어떤 상황에서라도 자유로울 수 있습니다. 자유로운 삶을 살 수 있습니다. 지금까지 내가 고집하던 생각을 한생각 돌이켜 턱 놓아 보는 명상을 해 보십시오. 놓아버릴 수 있을 때까지 끊임없는 명상을 해 보십시오.

어릴 적부터 건축공부가 꿈이었고 대학, 대학원에서 전공하고 박사학위까지 건축에 대해 공부했다면 우린 이미 '건축'에 고집된 마음, 얽매인 마음을 풀기 어렵습니다. 건축만이 내가 살 길이요, 건축 없이는 내가 할 수 있는 길은 없다고 생각합니다. 건축을 하지 말라는 말이 아닙니다. '건축' 아니면 안 된다는 고집과 집착을 놓아 버릴 수 있어야 한다는 말입니다. '착(着)'을 놓아 버리고 하는 일이 되어야 한다는 말입니다. 인생의 어느 순간 '건축'을 놓아 버려야 할 때 자연스럽게 툭 툭 털고 일어날 수 있도록 말입니다.

사람들은 '죽음'이라는 순간을 두려워합니다. '죽음' 그 자체가 두렵기보다 내가 지금까지 집착하며 쌓아둔 이 모든 것들을 두고 떠나려니 괴로운 것입니다. 사랑하던 사람, 돈, 명예, 권력, 지식 이 모든 것을 어찌 툭툭 털고 갈 수 있겠습니까? 포기해야 할 때 빨리 포기할 줄 알아야 합니다. 포기해야 할 때 붙잡고 있는 것은 참으로 어리석은 일입니다. 참으로 괴로운 일입니다.

스승님께서 그러셨습니다. 머리 깎으려면 이게 아니다 싶을 때 언제라도 다시 기를 용기가 있어야 한다고 말입니다. 지금 하시는 일, 사랑하는 사람도 마찬가지입니다. 열심히 하다가 언제라도 포기해야 할 인연이 닿을 때, 과감히 포기할 수 있는 용기를 가지고 시작해야 합니다. 최선을 다해 사랑하되 놓아 버릴 수 있는 용기를 안고 시작해야 합니다. 그것이 바로 '함이 없이 하는 도리'인 것입니다. 그것이 '사랑'에, '일'에 걸리지 않는 길인 것입니다. 그물에 걸리지 않는 바람이 되는 길인 것입니다. 그러나 사람들은 일에, 사랑에 집착을 하기에 포기할 수 없고 놓을 수 없는 것입니다.

지금이 놓아야 할 때라는 것은 알면서도 '집착'이라는 놈이 놓지를 못하게 만드는 것입니다. 늘 포기하며 사는 사람은 그 어떤 상황이라도 두려울 것이 없습니다. 고집함이 없기에 이 상황은 이래서 좋고 저런 상황은 저래서 좋을 수 있기 때문입니다. 이 사람은 이래서 좋고 저 사람은 저래서 좋으며 이 직장은 이래서 좋고 저 직장은 저래서 좋기 때문입니다.

무엇이든 포기해야 할 때 빨리 포기하고 빨리 비워 버릴 수 있다는 것이 중요하지만, 그렇다고 무조건 해야 할 일까지 그만두라는 말은 아닙니다. 일에 대한 착심을 비우고 시작해야 한다는 말입니다. 훗날 이 모두를 진정 포기해야 할 때 넉넉한 마음으로 맑은 미소와 함께 놓아 버릴 수 있도록, 어느 날 다가올지 모를 이 세상 모든 것들과의 이별에서도 자유롭게 떠날 수 있도록, 하루하루를 그렇게 비우면서 살아야 한다는 말입니다. 세상 어떤 훌륭한 진리라도 고집하게 되면 이미 진리가 될 수 없음에…

그것이 바로 "부처도 죽이고 조사도 죽이라."는 옛 선사들의 메시지였을 것입니다.

오직 정도(正道)로만 가게 하소서

 말법시대라고들 그럽니다. 그만큼 살기 힘든 시대라고 이야기합니다. 말법시대 중생들은 근기가 하열하여 부처님의 정법을 올바로 알아듣지 못한다고 그럽니다. 정법을 이야기해도 자꾸 삿된 법 쪽으로 마음이 간다고 합니다. 마음법이며 자성불(自性佛)에 대한 그 어떤 수많은 설법보다는 한낱 밖으로 치닫는, 신비주의적인 외부의 힘에 의지하는 그런 가르침이 더욱 설득력을 얻어가고 있는 느낌입니다. 아무리 정법 정법을 외치고 수십 년 마음을 닦아도 사법(邪法)에 물드는 것은 순간입니다.

 사회가 힘겨워지고 나라가 어려워지니 사람들의 삶도 그만큼 어두운 무게가 더해갑니다. 아무리 정직하게 살아도 이 어두운 삶 막을 길이 없어 보입니다. 그러다 보니 왜소한 우리네 중생의 마음만 더없이 나약해집니다. 그야말로 지푸라기라도 잡고 싶은 그런 충동이 더해갑니다. 이럴 때일수록 사법 또한 판을 치게 마련입니다. 한번 이런 사법에 빠지면 그 어떤 금강 같은 수행자라도 쉽게 흔들리게 마련인 것이 우리네 중생들 나약함이 아닌가 합니다.

예를 들어 아무리 열심히 불법을 공부한 사람이라도 어느 날 어떤 기인이 나타나 "당신 오래 못 살 것 같아. 단명(短命)의 업보야."라고 하며 집안 일이며 남편 사업 안 되는 일 등 가족의 온갖 일들을 콕 찍어 맞춘다면 누가 솔깃하지 않겠습니까. 더구나 당장에 죽을 것이라는데 시키면 무엇인들 안 하겠습니까. 기도비로 수억을 요구한다고 하더라도 빌려서라도 내지 않겠습니까.

요즘 들어 많은 이들이 삿된 가르침에 솔깃하여 굿을 하고 이상한 기도를 하고 무슨 무슨 천도를 한다고 하는 등, 기도비로 몇 백에서 몇 천, 몇 억까지 날리는 등 수많은 일들이 우리 주변 아주 가까이에서 벌어지고 있습니다. 어떤 이는 조상신이 씌어 사업이 망하는 것이라며 많은 천도비를 요구하고는 불교에서 말하는 천도는 부처의 힘으로 강제로 영가를 내쫓는 것이기 때문에 삿된 것이라 하고 자신이 일대 일로 해야만 올바로 천도가 된다고 하는 경우도 있다고 합니다. 그야말로 귀에 붙이면 귀걸이, 코에 붙이면 코걸이입니다. 우습다고 말하겠지만 말이야 가져다 붙이면 그만입니다.

이런 얼토당토않은 말들에 실제 많은 이들은 혹하여 넘어가고 맙니다. 무엇이 정말 바른 것인지 중심이 잡혀 있지 않으니 이리로 저리로 바람 부는 대로 휩쓸리는 것입니다.

우리 또한 예외는 아닙니다. 내 마음 가운데 정법으로써 견고한 뿌리를 세워두지 않는 이상 어느 누구라도 그럴듯

한 사법에 이끌리기 쉽습니다. 참으로 답답한 노릇입니다. 점(占)을 보고, 미래를 예측하고, 전생을 보고 왜 그렇게 자기뿌리를 믿지 못하고 안절부절하는지 모르겠습니다. 머릿속으로는 아니야 아니야 하면서도 이성적으로 따져 보면 아닌 줄 뻔히 알면서도 넘어갈 때 보면 순간입니다. 그러고는 뭔가에 씌었었나 보라고 말합니다. 뭔가에 쓰인 것이 아니라 우리의 마음이 사실 이토록 간사하고 나약한 줄 알아야 합니다.

점을 본다는 것은 이미 점이라는 데에 내 마음의 중심을 잃고 점의 노예가 되겠다는 강력한 자기 암시인 것입니다. 점을 보는 그 마음은 너무도 나약한 마음이기에 점괘에 쉽게 마음이 놀아나 그의 노예가 되고 맙니다. 예를 들어 전혀 그렇지 않을 인연인데 점에서 사업이 망할 것 같다고, 혹은 궁합이 맞지 않다고 하면 사람들은 그 점괘에 마음이 머물게 되고 그렇게 되면 마음이 머묾에 따라 점괘가 실제 현실이 되어버릴 수도 있습니다. 이럴 경우 마음이 현실을 만드는 것이지 점괘가 현실을 만든 것이 아닙니다.

이렇듯 점을 본다는 것은 이미 나는 나약하니 점의 노예가 되겠습니다 하는 나약함의 표현입니다. 점을 믿게 되면 그 믿음에 의해 점이 현실이 되고 우린 그 노예가 되는 것입니다. 이 얼마나 어리석고 나약한 마음입니까.

전생을 본들, 앞으로 다가올 미래를 본들 그게 다 무슨 소용이란 말입니까. 전생을 보게 되면 전생의 노예가 될 것이고. 미래를 보게 되면 미래의 노예가 될 것입니다. 이미 지나간 것은 더 이상 실제가 아니기에 그 어떤 도움을 주지 못하며, 오지 않은 것은 그 어떤 경우라도 결과를 예측할 수 없기에 섣부른 예측은 현실을 그르칠 확률만을 높일 뿐입니다. 오직 중요한 것은 '지금 여기' 라는 현실일 뿐입니다.

전생을 알아 봐야 아무런 소용이 없습니다. 전생에 왕이었으면 어쩌고 거지였으면 어쩔 것입니까. 지금 당장에 무엇이냐가 중요한 것 아니던가요. 중요한 것은 전생 그 자체가 아니라 전생의 업식이 내게 가져다 준 현실일 것입니다. 다시 말해 지금 여기에 있는 현실 그대로의 이 모습이란 말입니다. 지금의 이 모습이 바로 전생의 결과이니 전생보다 더 중요한 전생의 결과인 현실을 알았는데 더 이상 전생을 알아야 할 필요가 있겠습니까. 오히려 전생 운운하는 것들은 삿된 분별심 만을 낳을 뿐입니다.

다가올 미래에 대한 예측 또한 마찬가지입니다. 지금 여기에서 내가 몸과 입과 뜻으로 행하고 있는 이 모습 그대로가 바로 미래의 예측인 것입니다. 미래에만 마음이 머물러 있어 현실을 그르치게 되면 미래는 이미 밝지 못하게 됩니다. 예를 들어 직장인이 지금의 직장이 못마땅하여 몇 년 후에 있을 다른 사업을 구상하느라 지금의 직장에 최선을 다하지 못한다면 차후에 있을 사업은 불을 보듯 뻔한 것입니다.

현실에서 내가 어떻게 하고 있는가를 보고 조금만 명상

해 보면 우리의 미래는 명확히 그려질 것입니다. 마치 자식이 크면 나에게 어떻게 해 줄까 궁금해한다면 지금 내가 부모님께 어떻게 하고 있는가를 보면 답은 자연스러워짐과 같습니다.

점이며 전생이며 미래라고 하는 것들은 한없이 참 나에 대한 믿음을 파괴하고 어리석음을 북돋을 뿐입니다. 10년 정진은 어렵지만 무너지는 것은 찰나입니다. 수행자는 늘 '더뎌가도 정법대로만 갈 수 있도록 하소서' 하고 발원해야 합니다. 그물에 걸리지 않는 바람처럼 소리에 놀라지 않는 사자처럼 무소의 뿔처럼 당당한 자신의 주인이 되어야 합니다.

맑은 대인관계를 위한 조언

세상을 살아가며 참으로 중요하면서도 명확한 해답이 없는 것이 바로 '대인관계'가 아닌가 합니다. 원만한 대인관계는 누구에게나 참으로 중요합니다. 평생 우리는 사람과 부딪히며 사람들 속에서 살아가기 때문에 더욱 그렇습니다. 이 세상 그 어떤 이라도 사람 사이에서의 부딪힘에서 오는 갈등을 겪지 않았던 사람은 없을 것입니다. 이를테면 사랑하지만 서로 헤어져야 한다거나, 미워하고 증오하지만 어쩔 수 없이 늘상 만나야 한다거나 하는 일들 말입니다. 거기엔 부처님 또한 예외는 아니었던 듯합니다. 부처님께서 성을 넘어 출가하실 적에 부왕이셨던 아버님과의 갈등이며 야쇼다라 공주, 그리고 아들이었던 라훌라와의 갈등 같은 것들 말입니다.

이처럼 대부분의 사람들은 사람 사이에서 갈등과 괴로움을 느끼며 또한 사람 사이에서 행복과 따뜻함을 느끼기도 합니다. 원활한 대인관계는 그렇기에 참으로 중요합니다. 우리를 한없이 괴로움으로 몰고 갈 수도 있으며 또한 한없는 행복으로 몰고 갈 수도 있기 때문입니다. 참으로 일상인들의 일생 일대의 화두가 아닐 수 없습니다.

내 인생의 어느 한 자락에 나타난 사람은 과연 나에게 어떤 의미를 가질지를 한번쯤 생각해 보셨는지요. 나의 부모님이며, 형제들, 친척, 친구, 직장동료, 나아가 내 옷깃을 스쳐 지나치는 수많은 사람 사람들에 대해서 말입니다. 이따금 지나치다가 어깨 한 번 스친 것으로 욕을 하고 싸움을 거는 사람이며, 우연찮게 던진 것이 지나치던 사람을 명중시켰다던가 하는 우습게 스쳐 지나칠 수도 있었던 그런 나와의 인연 말입니다.

내 인생 앞에 놓인 그 어떤 사람과의 그 어떤 작은 인연이라도 나에게는 참으로 소중한 인연입니다. 그 사람이 바로 내 모습의 나툼이요, 내 업식의 나툼이기 때문입니다. 인연법을 믿는 수행자라면 내 앞을 스쳐지나가는 수많은 사람들, 그 모두는 제각각 나와 소중한 인연임을 알아야 합니다. 그 자체가 나의 다른 모습임을 알아야 합니다. 그들이 나를 대하는 모습 하나하나가 바로 내 마음의 그림자라는 것입니다. 내 마음 모습 그대로 상대며, 온갖 경계도 생겨난다는 것입니다. 그러니 어느 한 사람 소중히 하지 않을 사람이 없습니다.

나의 물건 빼앗는 사람은 내 마음의 탐심(貪心) 나툼이요, 나를 괴롭히고 욕하며 구타하는 사람은 나의 진심(瞋心) 나툼이요, 나를 얕보고 깔보는 사람은 나의 치심(癡心) 나툼이며, 불법 믿지 말라고 타종교 선도하는 이는 내 나약한 믿음의 나툼이고, 무당이나 점쟁이를 찾아가는 인연은 마음에 중심이 서지 않은 퇴전심(退轉心)의 나툼이고, 사랑하는 이와 헤어짐은 사람에 대한 착심(着心)과 질투심의 나툼이고, 미워하는 이와 함께 해야 함은 남을 싫어한 인연의 나툼이며, 모르는 사람에게 욕 얻어먹음은 스치는 인연 소중히 여기지 않은 까닭이며, 부처님 법, 참 스승 만남은 나의 수행 정진심의 나툼인 것입니다.

내 안의 온갖 염심이며 분별심들이 그대로 내 앞에 다른 사람의 모습으로 나타나기 때문입니다. 그렇기에 내 앞에 나타난 그 어떤 사람도 원망할 필요는 없습니다. 그것은 내가 나를 원망함이며 내가 나를 미워하는 것이기 때문입니다.

상대방과 나와의 인연이라는 것이 그렇게 미리부터 내 마음 가운데 녹아 있는 것입니다. 내가 지은 인연이니 좋은 인연도, 싫은 인연도 모두 내가 풀어 나가야 할 인연인 것입니다. 그러니 상대방을 대할 때는 돌이켜 내 마음을 대함과 같이 해야 합니다.

세상 모든 일들은 이와 같이 한치의 오차도 없이 내 마음의 나툼인 것입니다. 내 안에 없는 인연은 내 앞에 나타날 수 없습니다. 모두가 내 업식만큼의 인연이며, 내 닦은 만큼의 인연이 나타나게 되어 있습니다. 그러니 누구를 원망하고 누구를 미워하겠습니까. 모두가 내 마음 나툼인 것을, 모두가 내 한마음 속 부처님의 나툼인 것을, 밝으신 부처님이 다만 지은 인연 따라(隨緣) 나툰 것일 뿐인데 말입니다.

만남과 헤어짐은 늘 자연스러워야 합니다. 사랑한다고, 애착을 가진다고 헤어짐을 두려워하고 조바심 낼 필요도 없으며, 미워한다고 자주 만나게 되는 인연을 억지로 끊으려 할 필요도 없습니다. 진정한 사랑이며 증오는 놓아줌이 되었을 때 자연스러워질 수 있습니다. 이전에 내가 지어 놓은 인연에 의해 내 앞에 나타난 대상을 싫다 좋다는 집착심으로 대하게 되면 그 집착심으로 인해 더욱 인과의 사슬은 우리를 옥죄일 것입니다.

인연의 사슬, 업보의 틀을 녹이려거든 마땅히 그 어떤 인연도 놓아 줄 수 있어야 합니다. 놓아 준다는 것은 크게 애착하거나 크게 증오하지 않으며 내 앞에 다가온 대상을 물 흐르듯 자연스레 맞아야 한다는 것입니다. 헤어짐의 인연이건 만남의 인연이건, 사랑의 인연이건 증오의 인연이건 붙잡거나 버리려고 해서는 안 됩니다.

결국 내 앞에 다가온 이 모든 인연은 내가 지은 것이기에 나만이 풀어 나갈 수 있기 때문입니다. 지금 내 앞에 놓인 인연의 사슬을 풀고 녹이지 못하면 다음 생, 그 다음 생이고 또 다시 만날 것이기 때문입니다.

결혼하고 나서 마음이 서로 안 맞으면 쉽게 쉽게 헤어지려고 하는 사람이 많습니다. 쉽게 만나고 쉽게 헤어지는 행위가 바로 내게 다가온 인연을 가볍게 여기는 것입니다. 내 앞의 인연은 참으로 어느 하나 소중하지 않은 것이 없는데도 말입니다. 밉다고 헤어지면 그 문제는 끝나는 줄로 알고 있는 사람이 많습니다. 문제의 해결을 '이혼'으로 보려는 사람들 말입니다. 그러나 그것은 인과를 모르는 참으로 어리석은 일입니다. 이혼은 문제의 해결이 아니라 또 다른 더욱 커져버린 문제의 시작임을 많은 사람들은 모르고 있는 듯 합니다. 결정코 더욱 큰 악업을 보태어 우리 앞을 덮치게 될 것입니다.

회사에서 직장 상사 얼굴 보기 싫으면 '까짓 그 회사 안 다니면 되지' 한다고 문제가 끝나는 것은 아닙니다. 배우자가 싫고 직장상사가 싫은 것은 그들의 문제가 아니라 내 안의 문제이기 때문에 어느 곳에 가든, 어떤 사람을 만나든 그 문제는 다른 이의 또 다른 모습으로 다시금 현실로 다가올 것입니다.

결국 내 앞에 펼쳐진 그 어떤 인연도, 그 어떤 어려움도 내 안에서 '바로 지금 여기'에서 풀어 나가야 합니다. 지난 억겁을 살아오며 수많은 선업, 악업을 지었고 수많은 선연(善緣), 악연(惡緣)을 만나왔기에 내 앞에 펼쳐질 무한한 인연들 또한 선악의 무한 반복이 될 것입니다. 그렇듯 돌고 도니 인생은 괴롭다고, 윤회는 괴롭다고 하는 것입니다.

문제의 해결은 결코 미래에 할 수 없는 노릇입니다. 회피하는 것은 더욱 큰 업장만을 미래로 잠시 미뤄 놓는 것입니다. 내가 저지른 업식과 인연을 왜 내가 받아들이지 못합니까. 그 어떤 것도 다 받아들일 준비가 되어 있고 내 안에서 녹일 준비가 되어 있어야 합니다.

지금 이 순간 그 사람을 위해 진실된 마음으로 염불하고 발원해 주시기 바랍니다. 좋고 싫은 그 올라온 마음에 대고 진실된 마음공양, 염불공양을 올리시기 바랍니다. 그 어떤 분별심도 부처님께, 그 텅 빈 공의 자리에 다 공양 올리시기 바랍니다. '관세음보살…' 끊임없는 염불로써 밝게 밝게 녹여가시기 바랍니다.

역경(逆境)을 통하여 부처를 이루라

병고로써 양약을 삼으라

근심과 곤란으로 세상을 살아가라

장애 속에서 깨침을 얻으라

마장을 벗삼아 정진하라

어렵게 일을 성취하라

순결로써 벗을 사귀어라

뜻에 거스르는 사람을 가까이 하라

베풀려거든 과보를 바라지 말라

적은 이익으로 부자가 되라

억울함을 밝히려 하지 말라

역경을 통하여 부처를 이루라

병고로써 양약을 삼으라

"몸에 병 없기를 바라지 말라.
몸에 병이 없으면 탐욕이 생기기 쉽나니,
그래서 부처님께서 말씀하시되
'병고로써 양약을 삼으라' 하셨느니라."

부처님께서는 병을 괴로움으로 보셨습니다. '병고(病苦)'라고 하여 4가지 커다란 괴로움인 나고(生) 늙고(老) 병들고(病) 죽는(死) 생로병사 가운데 하나의 괴로움으로 이야기하셨습니다. 그만큼 우리 중생들에게 병이란 '괴로움'의 존재인 것입니다.

괴로움이란 인과(因果)라는 가르침 가운데 악인악과(惡因惡果)의 범주에 속한다 할 수 있을 것입니다. 악한 원인을 지으면 악한 과보를 받는 그 가운데 하나의 악과라고 해야 옳을 것입니다. 즉 병이란 내가 지은 악한 과거세의 원인에 대한 괴로운 과보의 하나라는 것입니다. 나와 나 이외의 것을 둘로 보고 성내고 헐뜯고 싸우던 진심이 악의 업보가 되어 병고라는 과보로 돌아오게 된 것입니다.

이렇게 보았을 때 병 또한 결국 내 안에서 나온 것입니다. 원인이 내게 있다면 그 결과 또한 내게 있으며 결과를 바꾸는 힘도 내게 있습니다.

병이라는 것은 결코 나와 다른 것이 아닙니다. 나의 또 다른 모습인 것입니다. 병의 원인이 내게 있기에 병을 이겨낼 수 있는 힘도 내 안에 다 갖추고 있습니다. 그러나 우린 병에 걸리면 우선 병원부터 찾고 약부터 찾기에 바쁩니다. 병의 근본이 무엇인지 살피려 하지 않고 외부의 수단으로 외부에 드러난 병을 치유하려 합니다. 병은 뿌리를 치유해야 합니다. 약으로 병을 다스렸다 하더라도 그것은 겉에 드러난 병의 바이러스를 치유한 것이지 근원에 있는 병 그 자체를 치유한 것은 아닙니다.

병 또한 나와 둘이 아니라는 그런 절실한 자각이 있어야 합니다. 자각이 아니라면 굳은 믿음이 있어야 합니다. 내게서 나왔기에 병을 치유할 수 있는 손길은 오직 내 안에 있음을 굳게 믿을 수 있어야 합니다. 내 안의 '약사여래'의 손길에 모든 것을 내맡겨야 합니다.

내가 나를 해칠 수 없듯 병도 나를 해치지 못합니다. 모든 것을 내 안의 참 나 참 생명 그 밝은 자리에 굳게 믿고 맡겨 버린다면 병은 이미 '양약'이 될 것입니다. 가부좌를 틀고 앉아 두 눈을 지긋이 감고 호흡을 깊게 집중해 쉬며 가만히 관찰을 합니다. 처음에는 호흡의 이동을 관찰하고 몸과 마음이 차분해 지면 내 몸의 병이라는 놈을 가만히 지켜봅니다. 가만히 지켜봄에 머물면 됩니다. 마음은 절대로 가만히 두시고 오직 믿고 맡기기만 하면 됩니다. '지켜봄' 그 수행심 속에 '맡김' 그 믿음 속에 병고는 설 자리를 잃게 될 것입니다.

그리고 마음 가는 대로 몸에서 원하는 대로 먹고 싶은 것들을 맛있게 먹으면 됩니다. 몸에서 원하는 그 어떤 음식도 그 때부터는 그저 그대로 '약'이 됩니다. 까짓 병쯤이야 내 수행의 작은 재료로 돌려 놓을 수 있는 구도자의 여유를 찾으시기 바랍니다. 수행자의 당당한 한마음 속에 병고란 하찮은 티끌밖에 되지 못할 것입니다.

근심과 곤란으로 세상을 살아가라

"세상살이에 곤란함이 없기를 바라지 말라.
 세상살이에 곤란함이 없으면 업신여기는 마음과 사치한 마음이 생기나니,
 그래서 부처님께서 말씀하시되
 '근심과 곤란으로써 세상을 살아가라' 하셨느니라."

 우리는 행복과 즐거움으로써만 세상을 살아가려 합니다. 오직 그것만을 위해 앞만 보고 살아갑니다. 근심과 곤란이 내 앞에 놓이게 되었을 때 우리는 금세 괴로워하며 좌절하고 맙니다. 왜 이런 괴로움이 내게만 오는 것일까 하며 인생을 탓하고 세상을 탓하고 운명을 탓하기 일쑤입니다. 행복과 즐거움은 우리가 추구하는 것이며 근심과 곤란은 우리가 버리려는 것입니다. 그러나 조금 크게 세상을 바라봅시다. 오히려 근심과 곤란으로 세상을 살아갈 수 있는 큰마음을 가지고 세상을 바라봅시다. 우리 앞에 다가오는 크고 작은 이 모든 경계는 즐거운 것이든 괴로운 것이든 결국에는 그 모두가 바로 '나 자신'인 것입니다.

내 안에서 모든 것이 나오게 된 것입니다. 결코 내 앞에 다가오는 경계를 둘로 보아서는 안 됩니다. 그렇기에 다가오는 근심과 곤란에 쩔쩔매야 할 필요는 없습니다. 내가 있기에 온갖 경계가 있는 것이며 나아가 세계가 있고 우주가 있는 것입니다.

쉽게 말한다면 지난 과거에 몸으로 지은 행동 하나 하나 입으로 내뱉은 말 한 마디 한 마디 그리고 뜻으로 지은 생각 하나하나가 신구의(身口意) 삼업(三業)이 되어 하나도 남김없이 저장되어 있다가 현실이라는 경계 속에서 하나씩 풀려 나오는 것입니다. 즐겁고 괴로운 이 모든 경계는 지은 이가 나이기에 그것을 풀어 나갈 사람도 오직 '나' 하나뿐입니다. 근심과 곤란에 부딪혔을 때 '왜 이런 어려운 일이 일어날까' 하며 답답해하는 이도 있지만 '나를 이끌어 줄 새로운 수행의 재료가 왔구나' 하고 당당하게 맞서는 사람이 있습니다.

생각을 어떻게 하느냐에 따라 우리의 삶과 내 앞의 미래가 좌우될 것입니다. 수행자와 중생의 차이는 이 한 생각의 차이에 있습니다. 근심과 곤란 없이 세상을 살아갈 수는 없습니다. 우리가 살아온 생은 전생 그 전생 억겁을 이어온 삶의 자취 속에서 우린 수없이 많은 악업과 선업을 지어 왔습니다. 그렇기에 우리 앞에 놓인 현실은 그 악업과 선업이 과보가 되어 하나씩 풀려 나오는 곳입니다. 수없이 많은 선업과 악업을 지었기에 끊임없는 즐거움과 괴로움의 과보가 내 앞에 펼쳐져 있는 것입니다. 오직 즐거움만을 추구하며 산다는 것은 내가 지은 악업은 지워버리고 선업만을 짊어지고 살아가려는 욕심에 불과합니다. 지은 것(원인)은 반드시 그에 합당한 결과를 가져온다는 것이 부처님의 가르침인데도 말입니다.

근심과 곤란을 두려워해서는 안 됩니다. 근심과 곤란이 없이 모든 일이 잘 되어 간다면 나에 대한 자만심과 상대에 대한 업신여기는 마음이 커지고 경계에 닥쳐 사치한 마음이 생기게 됩니다. 그로 인해 몇 배 더 큰 근심과 곤란이 또아리를 틀고 내 안에 자리하게 될 것입니다. 그렇다면 이렇게 한없이 다가올 내 앞의 근심 걱정을 그저 힘없이 받아들이며 괴로워하며 살아야만 하는 것인가요? 불교 수행을 하는 이유는 바로 여기에 있습니다.

어떠한 경계에서도 당당하며 떳떳하게 그리고 걸림 없이 여여(如如)하게 대처할 수 있는 것이 수행심입니다. 우리네 어리석은 중생은 선업의 즐거운 과보가 오면 좋아하고 악업의 괴로운 과보가 오면 슬퍼하며 안절부절하게 되지만 당당한 수행자는 즐거운 과보가 오더라도 담담하게 맞을 수 있고 괴로운 과보가 닥치더라도 '허허' 하고 웃어 넘길 수 있는 넉넉한 여유를 가지고 있습니다.

실로 수행자의 가치는 근심과 곤란이라는 경계에 닥쳤을 때 분명하게 드러나게 되는 법입니다. 본래 우리의 마음은 구름 한 점 없는 맑은 가을하늘과 같기에 어떤 경계에도 집착하고 괴로워하지 않습니다. 내게 다가오는 근심과 곤란은 그 성품 자체가 공(空)하여 다만 인연 따라 잠시 일어나는 물거품과도 같은 것입니다. 근심과 곤란을 마음 속에서 거부하지 말고 당당히 받아들이며 걸림 없이 그 경계에 놀아나지 않음이 수행자의 묵연한 자세인 것입니다. 다가오는 모든 경계가 바로 '나'의 다른 모습임을 굳게 믿고 내 안에 '참 나 주인공' 그 맑고 향기로운 뿌리에 모든 것을 놓아 버릴 수 있어야 합니다.

방하착(放下着)!! 이는 모든 불교 수행의 핵심입니다. 근심과 곤란 그 자체를 놓아 버릴 수 있어야 합니다. 붙잡고 있으면 얽매이게 됩니다. 근심도 놓아 버리고 걱정도 놓아 버리고 오직 마음은 평안에 머물면 됩니다. 진정 모든 것을 놓았을 때 이전에 지어 온 모든 업장은 자연스레 녹게 됩니다. 세상 모든 문제에 닥쳐 밖을 탓하지 말고 오직 나의 문제로 돌릴 줄 알아야 합니다. 내 문제로 돌리고 내 안에서 해결할 줄 알아야 합니다. 내 안에, '참 나'의 부처님 마음 자리에 모든 것을 놓고 나면 이미 경계는 사라집니다 그러나 우리는 어떻게 놓아야 하는지 알지 못합니다.

그렇기에 방하착… '놓음'의 방편 수행으로 우리는 '염불'을 합니다. 방하착 염불 수행, 이것이 바로 염불로써 올리는 참된 마음 공양인 것입니다. '관세음보살 관세음보살 관세음보살…' 어떤 상황에서든 일심으로 '관세음보살'을 염불하는 그 마음 가운데 '놓음'이 있습니다. 집착을 놓기 위해 염불하는 것입니다. 지극한 염불은 모든 경계를 녹여 버립니다. 근심과 걱정거리라는 경계가 닥치는 순간, 근심 걱정되는 마음이 올라오는 순간 그 안팎의 모든 경계에 대고 지극한 마음으로 염불하시면 되는 것입니다.

'관세음보살'은 내 밖에 있지 않습니다. 내 안에 살아 생동하는 '관세음보살'이 되어야 합니다. '나무아미타불'도 좋고 그저 '방하착' 해도 좋습니다. 아니면 '참 마음' '주인공' '불성' 이름이야 어떻든 그 근본이 내 안으로 향하면 될 것입니다.

장애 속에서 깨침을 얻으라

"공부하는 데 마음에 장애 없기를 바라지 말라.
마음에 장애가 없으면 배우는 것이 넘치게 되나니,
그래서 부처님께서 말씀하시되
'장애 속에서 해탈을 얻으라' 하셨느니라."

 삶은 공부의 연속입니다. 평범한 일상 속에 참으로 밝은 진리가 살아 숨쉬고 있음을 우린 너무도 모르고 살아 온 듯합니다. 밝은 지혜를 가진 사람만이, 나보다 더 많이 아는 사람만이 나의 스승인 것은 아닙니다. 참다운 스승은 언제 어느 곳, 어디에서라도 충분히 철철 넘쳐 흐르는 생명력을 가지고 우리의 어리석음을 일깨워 주고 있습니다. 다만 '나다' '내가 옳다'고 하는 지독한 아상의 굴레, 고정관념의 꽉 닫혀진 소견들이 내 주위를 훈훈히 감싸고 있는 훌륭한 스승을 발견치 못하게 만드는 것입니다.
 우리 모두는 내가 쳐 놓은 울타리만큼의 가르침만을 세상 속에서 받아들이며 살아갑니다. 더 많은 가르침을 주려고 해도 내 안에 강하게 쳐져 있는 관념의 틀이 도저히 받아들이질 못하게 막아 버립니다. 내가 쳐 놓은 소견만큼만 그 수준만큼만 이해하며 살아갑니다. 있는 그대로의 너른 세상을 살아가지 못하고 내 소견 속에 자리잡고 있는 '내 세상' 속에서만 아웅다웅하며 살아가고 있습니다.

'내 세상'을 깨고 보면 세상은 나를 향해 무한한 가르침과 깨침을 열어두고 있습니다. 똑같은 가르침 속에서도 사람들은 모두들 제각각 자신의 소견만큼만 깨달음을 얻어 갈 뿐입니다. 그 속엔 '내 생각'이라는 고정된 관념의 틀이 끊임없이 '내가 옳다'는 편견을 뿜어내고 있습니다. 한없이 치솟아 있는 나 잘났다고 하는 아집을 깨 버리지 못하기에 일어나는 어리석음입니다.

'내 생각'이라는 작게 얽매여 있는 생각의 틀에서 벗어나면 세상 모든 것들이 나를 이끌어 주는 참으로 소중한 스승입니다. 일상 속에서 장애라고 생각하던 것들 속에서 진정한 스승을 찾을 수 있고 그 안에서 진정한 우리의 공부는 익어 갈 것입니다.

공부하는 데 있어서 '장애'는 오히려 우리에게 새로운 힘을 불어넣어 주는 스승입니다. 공부하는 데 장애가 없다면 배우는 것이 넘치게 된다고 합니다. 배우는 데에도 자신의 그릇이 있게 마련입니다. 아무리 많은 깨침의 세계를 열어 보여 주더라도, 아무리 많은 공부거리가 생기더라도, 또 그 수많은 가르침을 배울 수 있는 좋은 조건이 다 갖추어져 있다고 하더라도 누구나 그것을 다 담아낼 수 있는 것은 아닙니다. 아무리 좋은 조건이라도 그 좋은 조건이 계속된다면 그 자체가 바로 더 큰 장애가 될 것입니다. 그 속에 계속해서 안주하다보면 우리의 마음은 더욱 나태해 질 것이기 때문입니다.

역경이 없는 아무리 좋은 조건이 준비되어 있더라도 텅 비우지 못해 제 그릇이 작은 이에게는 아무런 소용이 없습니다. 배우는 것이 넘쳐나니 제 그릇 밖으로 넘쳐흐를 것이기 때문입니다. 조건이 좋아 안주하는 것은 제 그릇을 더욱 좁히는 것이지만, 배움 가운데 장애가 생긴다는 것은 자신의 그릇을 넓힐 수 있는 참으로 좋은 인연입니다. 그렇듯 장애 가운데에서 공부도 되는 것이고 해탈도 얻을 수 있는 것이지 장애가 없다면 우리의 삶은 한 발 더 나아갈 수 없을 것입니다.

공부를 방해하는 온갖 장애 가운데 가장 큰 것은 역시 내 안에 있는 장애입니다. 텅 비어 있는 마음은 이 세상 모든 것을 있는 그대로 받아들이기에 어디에도 거리낄 것이 없습니다. 화들짝 열어제낀 열린 마음, 내 소견의 고집을 놓아 버린 텅 빈 마음, 그 마음은 이 세상이 무한히 발하고 있는 고귀한 가르침을 있는 그대로 모두 흡수할 수 있도록 해 줍니다.

있는 그대로를 있는 그대로 볼 수 있는 마음이 팔정도의 첫 번째 정견(正見)의 공부입니다. 내 지식을 자꾸만 쌓아 가는 것이 공부가 아닙니다. 오히려 '내 소견'을 놓아 버린 텅 빈 그 속에 참으로 밝게 빛나는 지혜가 나타나는 것입니다. 쌓는 것이 공부가 아니라 놓는 것이 공부입니다.

진정 내가 옳다고 하는 소견을 놓아버릴 수 있다면 우리의 마음은 하늘을 나는 새처럼 자유로워 질 것입니다. 즐거운 순경계(順境界)이건 괴로운 역경계(逆境界)이건 우리의 마음, 우리의 소견이 세상을 향해 마음을 낮춰 하심(下心)할 수 있다면 세상이 우리에게 주는 그 모든 가르침을 있는 그대로 맑고 향기롭게 주워 담을 수 있을 것입니다.

공부하는 이는 모름지기 겸손할 줄 알아야 합니다. 나보다 못한 이에게 마음을 낮추고 어린아이에게조차 배움을 찾을 수 있어야 합니다. 나 잘났다고 하는 마음으로는 진정 순수한 공부는 있을 수 없습니다.

나를 낮추고 내 생각을 고집하지 않는 그런 순수한 마음의 자세라면 공부 가운데 일어나는 그 어떤 장애라도 능히 이겨낼 수 있습니다. 이겨낸다기보다 오히려 감싸안고 받아들여 내 안에서 참된 공부로 바꾸어 갈 수 있게 됩니다. 마음을 낮추어 하심하고 소견에 사로잡혀 얽매이지 않고 텅 비어 밝게 빛나는 세상을 향한 열린 마음, 그것이 공부하는 이의 밝은 마음입니다.

마장을 벗삼아 정진하라

"수행하는 데 마(魔) 없기를 바라지 말라.
수행하는 데 마가 없으면 서원이 굳건해지지 못하게 되나니,
그래서 부처님께서 말씀하시되
'모든 마군으로써 수행을 도와주는 벗을 삼으라' 하셨느니라."

수행(修行)은 우리 모두의 삶에 있어서 가장 궁극적인 목적입니다. 누구라도 수행은 절대절명의 서원이 되어야 합니다. '기도(祈禱)'와 '기도 성취'는 모든 종교에 있어 살아 숨쉬는 생명력 그 자체입니다. 자신의 능력 범위 밖에 있거나 인식의 한계를 뛰어넘는 그런 형이상학적인 성취를 위해 우린 내면의 가치를 절하하고 외부의 그 어떤 절대적 존재에 의지하게 됩니다. 내가 할 수 없으니 내 힘으로 되지 않으니 외부의 힘을 빌고 싶은 것입니다. 그러나 오히려 불교에서는 돌이켜 내 안으로 돌려 놓을 것을 이야기합니다.

그렇기 때문에 불교에서는 기도라는 말보다 수행이라는 말을 즐겨 사용합니다. 웬지 '기도'라는 말 속에는 내 밖의 그 어떤 절대자, 혹은 다른 존재에게 빈다는 의미를 내포하고 있는 듯 보이기 때문입니다. 그런가 하면 수행이란 스스로 내 안에서 닦아나가고 발견하는 길이기 때문입니다. 어떤 말도 좋습니다. 다만 기도라고 했을 때 그 대상이 밖으로 향하지 않고 내면을 향하고 있다면 그 또한 수행과 다르지 않기 때문입니다.

어떤 사람이라도 마음 깊은 곳에 종교심을 가지며 살아가기 마련입니다. 어쩌면 본능과도 같이 내면 깊은 곳에 종교심은 자리하고 있습니다. 그렇기에 누구에게라도 수행은 내면의 종교심을 일깨우는 고요한 마음의 고향입니다. 우린 이따금씩 내면의 종교심과 만나게 될 때 수행에 대한 서원을 세우게 됩니다. 그러나 그 막연한 수행심은 쉽게 타오르고 쉽게 꺼지기 마련입니다. 전생 그 전생을 이어오며 너무도 오랫동안 쌓아 온 탁한 업장들이 우리의 순수한 수행심을 방해하기 때문입니다.

그것을 '마(魔)'라고 이름하기도 합니다. 누구나 수행을 시작하고 나면 안팎에서 수행을 방해하는 마장을 만나게 됩니다. 마음 속에서 일어나는 온갖 삿된 마음들로 인해 내 안에 존재하던 업장들이 내면의 마가 되어 나타나며 마음 밖에서 수행을 방해하려는 온갖 경계들이 조건과 환경 속에서 마가 되어 앞을 가로막습니다.

그러나 금강과도 같은 굳은 서원 앞에선 그 어떤 마장도 쉽게 물러나지 않을 수 없습니다. 물러난다기보다 그 마장으로 인해 오히려 수행자의 서원은 더욱 굳어지는 계기가 됩니다. 마장 또한 내 안에서 나온 것이기 때문입니다. 나의 또 다른 모습일 뿐입니다. 내 문제이기에 내 안으로 돌려 놓고 나면 그대로 여여해 집니다. 내가 나를 해칠 수 없기에 마장 또한 나를 결코 헤칠 수 없을 것이기 때문입니다.

수행의 도중에 나타나는 삿된 경계를 보고 분별심을 낸다면 이것은 마의 유혹에 빠지는 결과를 가져 옵니다. 무엇보다도 수행 중에 나타나는 경계에 집착해서는 안 됩니다. 겁낼 필요도 없으며, 특이한 현상에 우쭐해 할 필요도 없습니다. 그저 있는 그대로를 가만히 지켜보면 됩니다. 나와 둘이 아닌 모습임을 관하면 됩니다.

그러나 많은 이들은 수행 중에 그 어떤 경계를 만나면 한생각 분별심을 일으키기에 문제가 되는 것입니다. 무엇을 보았다고 그것이 자신의 수행의 진전을 의미하거나 퇴전을 의미하는 것이 아닙니다. 나는 왜 그 어떤 경계도 나타나지 않는가 하고 자신이 이상하다고 탓할 일도 아닙니다. 사람들은 참으로 경계를 만나는 데에 예민합니다. 앞에서도 언급했듯이 가장 중요한 것은 수행 중 나타나는 경계에 결코 끄달려서는 안 된다는 사실입니다. 왜 그럴까, 이것이 과연 무슨 경계일까 하고 의심 낼 필요도 없습니다. 그저 가만히 관하고 놓아 버리셔야 합니다.

100일 기도, 1000일 기도는 제쳐두고 3·7일 기도를 시작하고 나서라도 회향법회까지 꾸준히 동참 정진할 수 있는 이는 그리 많지 않습니다. 쉽게 생각했는데 하다 보니 마음처럼 쉽지는 않을 것입니다. 수많은 안팎의 경계가 마로 다가오기 때문입니다.

수행을 시작할 때 쉽게 하려는 마음은 버리셔야 합니다. 그것이 탐심(貪心)입니다. 왜 수행이 잘 안 되지 한다면 그것이 진심(瞋心)이며 정말 수행 잘 된다 하면 이것이 바로 치심(癡心)이 됩니다. 탐내고, 성내고, 어리석은 이 삼독심(三毒心)의 마음을 놓고 나면 수행심은 조금씩 고개를 들고 내 안을 서서히 밝혀 줄 것입니다.

마장은 내 수행을 도와주고, 내 서원을 굳게 해 주는 또 다른 나의 모습입니다. 경계에 끄달리지 않아 탁 트여 있는 마음, 텅 비어 오히려 꽉 찬 청정한 마음, 그 속에 수행심은 빛을 더할 것입니다. 마장에 끄달리지 말고 오히려 내 수행을 이끌어 주는 벗으로 알아야 할 것입니다. 참된 도반으로 알아야 할 것입니다.

어렵게 일을 성취하라

"일을 꾀하되 쉽게 되기를 바라지 말라.
일이 쉽게 되면 뜻을 경솔한 데 두게 되나니,
그래서 부처님께서 말씀하시되
'여러 겁을 겪어서 일을 성취하라' 하셨느니라."

 모든 일을 쉽게 쉽게 하고자 했던 우리의 일상에 크게 경종을 울려 주는 글입니다. 대부분의 사람들은 무언가 열심히 일하고 그에 합당한 결과를 바라기보다 쉽게 쉽게 일을 하고 한 일에 비해 보다 나은 결과를 바라며 요행수를 바라며 살아가기 쉽습니다. 장애 없이 쉽게만 일들을 해 나가다 보면 자칫 자만한 마음과 경솔한 마음이 생기기 쉽습니다. 그로 인해 나의 미래에 오히려 더 큰 어려움이 우리 앞을 가로막을 수 있다는 사실을 때때로 잊고 살아가지 않는가 하는 생각을 해 봅니다.
 쉽게 되기를 바라는 마음은 욕심이며 집착입니다. 열심히 노력하기보다는 쉽게 많은 것을 얻으려는 마음이니 욕심이요, 마음을 놓아 버리지 못하고 그 일에 얽매여 어떻게든 '되기를 바라는' 마음이니 집착인 것입니다. 이런 나태한 마음, 쉽고 간단하게 처리되기를 바라는 마음, 일을 잘 해야겠다는 생각이 오히려 자신에게 커다란 장애가 됩니다.

무슨 일이든 일의 시작에서는 마음을 비우는 작업이 우선되어야 합니다. 그 텅 빈 마음의 기초 위에 다시 꽉 채우는 작업을 시작하는 것입니다. '마음을 비우는 작업'이란 그 일에 대한 집착과 일의 성취에 대한 지나친 욕심을 비우는 것입니다. 사사로운 욕심과 집착을 가지게 되면 일에 대한 인연과 기운의 자연스런 흐름을 거스르게 되는 결과를 가져올 수 있습니다. 무엇보다도 '반드시... 꼭 되어야 한다'는 고정된 마음은 오히려 일을 그르치기 쉽게 만듭니다.

'반드시 해야만 한다'는 것처럼 어리석은 마음은 없습니다. '나 없으면 안 돼' 하는 마음, '이것만은 반드시 해야 돼' 하는 마음, 이것이 우리네 중생들의 가장 큰 병통입니다. 우리네 인생에 있어서 절대적으로 꼭 해야만 하는 것은 없습니다. 그 어떤 절대적인 기준을 둔다면 이미 그것은 진리가 아닙니다. 어디에도 머물지 않고 걸리지 않는 것이 진리의 향기입니다.

그리고 '다시 꽉 채우는 작업'이란 사사로운 욕심과 집착을 비운 가운데 밝은 이타의 '원(願)'을 세우는 것입니다. 발원은 '승화된 욕심'이라고 할 수 있을 것입니다. 거칠게 일어난 일에 대한 맹목적인 열정을 승화시켜 내 마음과 주위의 인연을 자연스런 흐름으로 이어주는 맑고도 강한 마음입니다. 발원의 마음속에는 이기적인 마음보다 이타적인 마음이 크며 집착하는 바가 없기 때문에 설사 일이 잘 안 되더라도 마음은 그에 걸리지 않을 수 있습니다.

 쉽게 말해 '일'의 노예가 되어서는 안 된다는 것입니다. 우리가 스스로 만들어 놓은 '일'이라는 관념 속에 스스로 얽매여 그로 인해 괴로워하고 그 때문에 자살도 하고 그렇게 노예의 삶을 사는 것이 우리네 인생입니다.

 욕심과 집착이 없는 밝은 발원을 가지고 행한 일은 향을 사르듯 우리의 마음을 맑게 다잡아 주며 한 줄기의 향이 주위를 향기롭게 하듯 내 주위를 향기롭게 만들어 줍니다. 그 맑고 향기롭게 나툰 안팎의 한마음은 자연스럽게 나를 바꾸고 주위를 바꾸어 마음 먹은 일이 스스로 되어지도록 만들어 줍니다. 내 주위의 모든 조건들이 모두 한마음으로 부처님이 되어 나의 일을 거들어 주기 때문입니다.

 쉽게 하려는 마음, 빨리 하려는 마음, 보다 잘 하려는 마음, 이것이 오히려 장애가 되어 일을 그르침을 알고 욕심과 집착을 거둔 마음, 밝게 세운 발원의 마음, 텅 비어 그 무엇도 담을 수 있는 마음, 이것이 나를 이끌고 나의 사업을 이끄는 한마음 주인공이 됨을 알아야 합니다.

 그리고 일의 결과에 대하여 잘되었느니 못되었느니, 좋으니 싫으니 하는 분별심을 내지 말아야 합니다. 잘 안 된 일도 잘 되기 위해 잠시 안 되는 일일 수도 있으며, 잘 된 일도 언제 또 다시 안 될 수 있는 일임을 알아야 합니다.

새옹지마(塞翁之馬)라는 말처럼 언제까지고 우리의 현실은 한없이 지옥과 극락을 번갈아 다닐 것입니다. 우리가 살아온 억겁의 인연 속에 지어 온 무수한 선업과 무수한 악업의 고리는 수억 겁(億劫)을 정진하며 닦아가야 할 업식(業識)이기 때문입니다.

그렇기에 좋고 싫은 그 어느 쪽에도 마음이 놓아나서는 안 될 것입니다. 한 순간 정진으로 행복하겠다면 욕심입니다. 한 순간 노력으로 뜻을 성취하겠다면 욕심입니다.

'여러 겁을 겪어서 일을 성취하라'는 부처님의 말씀은 이런 우리의 번잡한 마음에 다시금 옷깃을 여미게 해 줍니다. 응무소주(應無所住) 이생기심(而生其心), 마땅히 머무는 바 없이 마음을 내라, 마음을 비우라는 말은 아무 것도 하지 말라는 말이 아닙니다. 함이 없이 하라는 도리인 것입니다.

최선을 다해 열심히 일하되 어디에도 마음이 머물러서는 안 된다는 말입니다. 집착심을 비워야 한다는 말입니다. 어렵게 이루어 낸 결과물 속에는 무량한 복덕이 가득합니다. 그러나 쉽게 이루어 낸 결과물 속에선 자만과 경솔함만이 우리의 앞길을 가로막을 것입니다.

순결로써 벗을 사귀어라

"친구를 사귀되 내가 이롭기를 바라지 말라.
내가 이롭고자 하면 의리를 상하게 되나니
그래서 부처님께서 말씀하시되
'순결로써 사귐을 길게 하라' 하셨느니라."

 세상을 살아가며 '요람'에서 나와 '무덤'까지의 긴 여행 동안, 우린 참으로 많은 사람들과 인연을 맺게 됩니다. 사람 사람과의 부딪힘 그 연장이 우리의 삶일 것입니다. 그렇기에 사람과의 관계란 우리 삶의 너무나도 소중한 부분입니다. 이 세상 모든 사람이 나의 친구 아님이 없습니다. 오랫동안 사람들은 '진정한 친구'에 대해 많은 생각을 가지며 수많은 정의를 내려 왔습니다.
 부처님께서 내리신 '진정한 친구'는 '순결'이 앞선 관계입니다. 그 순결이란 내가 이롭기를 바라지 않는 것이라 했습니다. 우린 상대를 대할 때, 친구를 사귀게 될 때 머릿속은 컴퓨터가 됩니다. 수없이 많은 분별심을 일으킵니다. 그 분별심의 대부분은 아상(我相)에서 비롯되는데,

대개가 이 친구를 사귀면 나에게 어떤 이익이 되는가 하는 데 초점이 맞춰진 경우가 많습니다. 어떻게 하면 나에게 조금 더 이득이 될까 하는 이해타산의 계산기가 빠르게 돌아갑니다. 그러나 문제는 그런 이기적인 마음을 우린 잘 알지 못한다는 데에 있습니다. 너무도 빨리 스쳐 지나가는 미세한 마음이기에 그렇습니다. 마음을 관찰해 본 수행자라면 대인관계에 있어 내 마음의 미세한 이기적 분별심을 알아채어 본 경험이 있을 것입니다.

똑같은 일상에서도 내가 하는 일에는 무척이나 너그럽고 상대의 일에는 철두철미한 마음을 일으킵니다. 차를 타고 가다가 내 앞에 상대의 차가 끼어 들면 마음속에 진심(성냄)이란 놈이 고개를 치켜 들고 화를 내다가도 어느새 나의 차 또한 상대의 차 앞을 과감하게 끼어 드는 모습을 관찰하게 되고는 마음이 뜨끔한 경험! 누구라도 쉽게 해 보았을 것입니다.

오히려 이 정도면 선한 사람입니다. 대부분의 사람들은 오히려 상대를 탓하며 '이 것도 안 끼워주는 괘씸한 놈…' 하는 마음이 앞섭니다. 참으로 어이없는 광경이지만 사실 우리 마음 그대로의 모습입니다. 진정한 수행자는 자신에게 철저하고 타인에게 관대할 수 있어야 합니다.

이런 마음의 이기적인 모습은 비단 모르는 상대에게만 일으키는 감정은 아닙니다. 잘 알고 지내는 친구들에게조차 이런 마음은 끊임없이 일어납니다. 친구에게 만원 짜리 밥을 한 끼 사고 나면 우린 '만 원' 만큼의 기대심리를 안고 친구를 대합니다.

　그래서 '이 다음에 그 친구가 살 차례지…' 하는 마음에서부터 작게는 '만 원만큼은 사겠지…' 하는 마음까지도 일어납니다. 훗날 친구가 5천 원 짜리 밥을 한 끼 내는 것으로는 여전히 마음속에 '남은 5천 원어치' 만큼의 괴로운 마음을 가집니다. '나는 만 원 짜리 샀는데… 넌 이것밖에 안 사줘…'

　우선은 이 말에 유치하다는 생각을 할 수도 있습니다. 그러나 이런 일상이 계속된다고 했을 때 우린 분명 그 친구에게 괴로운 마음의 분별심을 일으킬 것입니다. 5천 원어치만큼의 진심을 안고 친구를 대하게 되는 것입니다. 그러나 만 5천 원 짜리 밥을 대접받게 되면 오히려 더해진 5천 원어치만큼의 행복감을 느낍니다.

　이처럼 우리 마음 깊은 곳에서 일어나는 분별심은 철저한 계산기와도 같습니다. 문제는 바로 이런 분별심을 우린 잘 모르고 살아간다는 것입니다. 그 마음을 알아채지 못한다는 것입니다. 그 이상의 좁은 소견을 올바로 보게 되면 그 속에서 나온 분별심조차 고개를 숙이며 달아나게 됩니다.

　'순결'로써 친구를 사귀라는 말은 '나' 잘 되고자 하는 아상을 버려 자신의 이익만을 저울질하여 이해타산을 따지려는 분별심 없이 순수하게 친구를 대하라는 말로 해석할 수 있습니다. 친구에게 또한 베푼 만큼 돌아온다는 철저한 인과의 법칙은 그대로 적용이 됩니다. 친구에게 순결로 대하면 대할수록, 나의 이익을 거두고 진심으로 친구를 위할 때 그 마음은 법계가 알아주고 부처님이 알아주는 법입니다. 애써 드러내려 하지 않아도 남모르게 조용히 일으킨 순결한 한마음은 대지를 감동시키고 우주를 울릴 수 있습니다.

상대를 이롭게 하는 마음은 상대의 마음이 아닌 나의 마음이기에 내 마음이 먼저 밝아지게 되어 있습니다. 나를 위한 마음은 나를 죽이는 마음이며 상대를 위한 마음은 나를 진정 살리는 마음입니다.

이처럼 순결로써 친구를 대할 때 사귐은 깊어지고 함께 밝아지는 도반이 될 것입니다. 억겁을 두고 함께 하는 밝은 도반이 될 것입니다.

뜻에 거스르는 사람을 가까이 하라

"남이 내 뜻대로 순종해 주기를 바라지 말라.
남이 내 뜻대로 순종해 주면 마음이 스스로 교만해 지나니,
그래서 부처님께서 말씀하시되
'내 뜻에 맞지 않는 사람들로써 원림(園林)을 삼으라' 하셨느니라."

'나의 생각', '나의 가치관'이 강한 사람일수록 내 주장을 크게 내세우며 나의 주장이 관철되지 않았을 때 얼굴이 붉어지고 마음속에 성내는 마음이 일어나게 됩니다. 우린 누구나 스스로가 만들어 놓은 '관념'의 틀어 얽매여 살아가기 마련입니다. 물론 그 '관념' 속엔 '나'라는 것이 개입되어 있습니다. 그렇기에 내가 생각하는 것이 옳은 것이며 내 생각대로 되지 않을 때 잘못 된 것이라 여기기 쉽습니다.

그러나 이 세상 그 어떤 일이라도 절대적으로 지금의 내 생각이 100% 옳은 일이란 없다고 보아야 합니다. 그 어

떤 일이든지 옳을 수도 있고 그를 수도 있음을 알아야 합니다. 새옹지마라는 말처럼 옳지 않다고 생각된 일들이 옳게 되어질 수도 있으며 옳다고 생각된 일들이 그르게 되어질 수도 있음을 알아야 합니다.

문제는 옳으냐 그르냐가 아니라 '내 생각'이라는 고집과 아상(我相)이 개입되어 있는가 아니면 텅 비어 그 어떤 견해도 받아들일 수 있는 열린 마음을 가지고 있는가의 문제입니다. '내 생각'이라는 아상이 깊은 사람일수록 자기 생각의 틀에 빠져 헤어나지 못하는 경우가 많습니다. 내 생각만이 옳다는 생각 때문에 다른 사람들의 의견, 사상 등에 마음을 열지 못하는 것입니다. 진정 고집하지 않는 열린 마음은 가슴을 한없이 맑고 향기롭게 해 줍니다. 삶의 흐름을 마치 물의 흐름과 같이 자연스럽게 해 줍니다.

그러나 대부분 사람들은 '내가 옳다'는 아상에 깊이 빠져 있습니다. 그렇기에 '내 생각'에 찬성하는 사람을 만나면 기분이 좋으며 자꾸만 내 곁에 두려 하고, 내 생각에 반대하는 사람을 만나면 기분이 나빠지며 자꾸만 멀리하려 합니다.

사실 진정 '나'를 위해서라면 내 뜻에 맞지 않는 견해를 가진 사람을 가까이 둘 일입니다. 내 뜻에 맞지 않는 사람은 나의 어리석은 아상을 일깨우는 참으로 소중한 스승임을 올바로 알아야 합니다. 자신의 뜻에 순종해 주는 사람과 함께 일하는 사람은 이내 그 순종에 따른 '교만심'을 버리지 못합니다. 교만심은 가장 큰 마음의 독입니다. '아상'을 가장 크게 거스르는 마음이기에 그렇습니다. 뜻에 순종해 주는 사람과 가까이하기는 쉽지만 뜻에 순종해 주지 않는 사람과 가까이하기는 어렵습니다. 아상을 거스르는 일이란 그렇게도 어려운 법입니다.

이 한 세상, 이 한 순간을 편히 살고 싶어하는 이는 언제나 '내 뜻에 맞는 사람'을 가까이 하며 살아갑니다. 그러나 찰나로 돌아가는 순간 순간을 억겁의 인연만큼이나 소중히 여기며 살아가는 수행자는 늘 '내 뜻에 맞지 않는 사람'으로 원림(園林)을 삼기에 순간 순간 내 생각 고집 않고 늘 깨어 있고자 자신을 관찰합니다.

늘 그렇듯 내 생각이 절대적으로 옳지만은 않다는 것을 알아야 합니다. 내 생각이 옳을 수도 있고 옳지 않을 수도 있음을 안다는 것은 그 어떤 상대의 생각도 받아 줄 수 있는 열린 마음을 의미하며, 내 생각대로 되지 않더라도 괴로워하지 않을 수 있음을 의미합니다.

이것은 상당히 중요한 문제입니다. 우린 세상을 살아가다 내 생각대로 되지 않을 때 괴로움을 느끼게 됩니다. 어떻게든 내 생각을 관철하려고 발버둥을 치고 분별심을 내고 되지도 않는 억지를 부리며 화를 내어 보기도 합니다. 그 이면에는 '내 생각이 옳다'라는 어리석은 아상이 깊게 깔려 있습니다. 물론 내 생각은 옳을 수도 있습니다. 그러나 옳을 수도 있는 만큼 그를 수도 있다는 것도 인정해야 합니다. 어떨 때는 뻔히 내 생각이 그르다는 것을 알면서도 애써 고집을 하는 경우도 있게 됩니다. 이쯤 되면 오직 고집스런 아상만 남게 됩니다. 우리네 삶이 이렇습니다.

내 고집만 놓아버리면 참 살기 쉬운 세상입니다. 본래 그 어떤 '결정'이라는 것은 어느 쪽도 100% 옳거나 그르지 않기 때문입니다. 어느 쪽도 잘못된 결정이 될 수 있는 만큼 어느 쪽도 괜찮은 결정이 될 수 있음을 알아야 합니다. 문제는 '결정'이 아니라 마음속을 어둡게 만드는 '아상'이라는 놈입니다. 아상을 놓아버리고 내린 결정은 이내 마음도 결정도 밝게 만들어 줄 것입니다. 방하착(放下着)된 마음은 좀 더 객관화된 마음이기 때문입니다. 순간 순간 상황에 처해 빨리 내 고집을 놓아 버릴 수 있는 사람일수록 삶을 여여(如如)하게 살아갈 수 있는 힘이 나옵니다.

예를 들어 약속 시간이 다가오는데 차가 막히던가 기다리는 버스가 오지 않을 때 마음속에서는 수많은 분별심이 일어납니다. 그 답답한 마음으로 인해 오히려 또 다른 일들을 더욱 그르치는 일들을 보게 됩니다. 그러나 그 초조하고 답답한 마음 턱 놓아 버리고 나면 이내 마음은 평온에 머물게 됩니다. 어차피 마음을 불안하게 먹는다고 안 올 차가 더 빨리 오고 막힌 도로가 뻥 뚫리는 일은 없기 때문입니다. 오히려 마음을 법계 주인공 자리에 턱 놓아 버리고 나면 그 집착심이 고요해져 마음에서 마음으로, 마음에서 물질로까지 전달되고 그러고 나면 오히려 일이 되어지는 쪽으로 흐르게 됩니다.

집착심 때문에 일이 그르쳐지는 것임을 알아야 합니다. 집착심 하나 놓아 버리면, 빨리 와야지 되는데 하는 마음 놓아 버리면 그 다음 일은 저절로 되어지게 됨을 많이 봅니다. '꼭 와야 한다'는 고정된 생각, 고집을 놓아 버린다는 것은 마음을 텅 비게 하는 수행 작업입니다.

텅 비어 있는 마음에서 일으킨 한마음은 법계를 울리고 우주를 울리는 법입니다. 그렇기에 저절로 되어지게 되는 법입니다. 이렇듯 고집스런 마음 하나 놓아 버리면 괴로울 것도 그렇다고 즐거울 것도 없게 됩니다. 그저 여여하게 평온에 머무는 것입니다. 내 뜻에 맞지 않는 사람들이 있을 때 무조건 내 말만 고집하지 말고 마음을 놓아 버리고 상대방의 뜻에 맡겨 보는 것은 아상을 녹이는 참 좋은 수행이 될 수 있습니다.

그렇기에 내 뜻에 맞지 않는 사람들로 내 주위를 장엄하고 원림을 삼게 되면 독심인 교만스러운 마음을 잘 닦아갈 수 있습니다. 이 아상과 고집, 그리고 교만심을 닦아내면 안 되어지는 듯 해도 되어지는 쪽으로 흐르게 됩니다.

마음이 텅 비어졌을 때 이 세상 모든 일은 마음 따라 저절로 되어지기 때문입니다. 그 고요한 한마음은 법계를 가득 울리기 때문입니다.

베풀려거든 과보를 바라지 말라

"공덕을 베풀려거든 과보를 바라지 말라.
과보를 바라면 도모하는 뜻을 가지게 되나니
그래서 부처님께서 말씀하시되
'덕 베푼 것을 헌신처럼 버려라' 하셨느니라."

 우리가 행하는 행위 하나하나를 가만히 살펴보고 관찰해 봅니다. 아무 의미 없이 이루어지는 행동은 그다지 많지 않습니다. 사소한 작은 일 하나라도 머릿속에서 이리 굴리고 저리 굴리고 그렇게 해서 어렵게 이끌어 낸 결과가 바로 우리의 행위입니다. 그렇게 이루어지는 행동들은 하나같이 나에게 이익 되는 쪽으로 흐르게 마련입니다. 순식간에 내린 결정이라도 찰나 속에 수없이 많은 분별심들이 순식간에 스치게 됩니다. 그저 본능처럼 지은 습(習)대로 자기마다의 업식에 이끌려 그렇게 되는 것입니다. 즉, 이해타산의 계산이 깔려 있게 마련이라는 것입니다.
 본능적으로 자신의 것을 늘리려 하는 세상이라지만 주위에는 남을 위해 많은 것을 베풀려는 사람도 많이 있습니다. 참 아름다운 사람들입니다. 그러나 조금 깊숙이 자신의 내면을 관찰해 봅시다. 베풀려는 바로 그 사람조차 가만히 울리는 내면의 소리를 들어보면 소스라치게 놀랄 만한 이기심을 느끼실 수 있을 것입니다.

베푼다는 것이 되려 내 것을 늘리려는 하나의 방법으로 사용되는 경우 말입니다. 베풀었다고 신문에 또는 TV에 드러내고자 한다면 양로원에 가서는 할아버지 돌보기보다 사진 한 장 멋지게 찍어 신문에 내고자 한다면 그렇게 세상에 드러내고자 한다면 그것은 일종의 투자, 혹은 저축이지 온전한 베풂은 될 수 없을 것입니다. 이렇듯 베풀고 나서 자신에게 이익이 되는 쪽으로 무언가를 도모하고자 한다면 진정한 베풂이 될 수 없을 것입니다. 그렇기에 덕 베푼 것을 헌신처럼 버리라고 하는 것입니다.

사실 베푼다는 사람치고 그 베풂이 내게 가져다 줄 이익을 생각지 않는 사람이 얼마나 되겠습니까? 가만히 깊은 곳까지 들여다 보면 말입니다. 내게 돌아올 과보를 바라고 베푸는 것은 베푸는 것이 아닙니다. 예를 들어 봅니다. 자식 열심히 공부 가르치고 학원에 고액과외시켜 좋은 대학 보내는 것이 과연 진실된 베풂, 진실된 사랑일까요. 부모님의 사랑은 오직 주기만 하는 사랑이라 하지만 그도 그렇지만은 않은 것이 우리 내면 깊은 곳의 현실입니다. 물론 그 일이 아이가 진정으로 바라는 것이라면 그렇지 않겠지만요. 그러나 아이의 일류대 합격이 자신의 자존심을 지키기 위한 것이거나 자신의 못 이룬 꿈이나 장래희망을 대리만족하려는 마음이라면 그것은 진정한 베풂도 진정한 사랑도 아닌 '투자'에 불과합니다. 자녀가 진정으로 원하는 것을 위해 설령 내가 어느 정도 손해를 보고 원하는 대로 되지 않더라도 주위 사람에게 자존심 좀 상하더라도 자녀의 희망과 꿈을 이루도록 도와주는 일이 되어야 합니다. '내가 너를 어떻게 키웠는데 이것밖에 못해?' 하는 생각들은 자녀에 대한 무조건적인 사랑이 아닙니다.

그래서 베풀 땐 받지 못할 대상에게 베풀라고 합니다. 그리고 다른 이에게 빌려 줄 때는 그저 준다는 마음으로 건네주라고 합니다. 청정한 마음으로, 청정한 이에게, 청정한 것을 베풀라고 합니다.

베푸는 것은 억지로 하는 것이 아닙니다. 연기법을 알고 오고감의 이치를 알고 나면 자연스레 터득되고 몸에 배이는 것이 진정한 베풂입니다. 인연 따라 내게 오는 것이고 가는 것이지 내가 잘나 오고 가는 것이 아님을 알아야 합니다. 절대 '나'가 붙으면 안 됩니다. 그저 본래 자리 찾아 가는 것입니다. 마치 공기를 마실 때 내 공기, 네 공기 따지지 않듯 그저 인연 따라 누구라도 마음껏 마실 수 있는 것처럼 물질 또한 인연 따라 있어야 할 곳 찾아 갔구나 하면 그만입니다. 내가 베푼 것이 아니라 가야 할 인연 찾아 간 것, 그뿐입니다. 그럴진대 베풀고 나서 무언가를 도모할 필요가 없는 것입니다. 그저 베푼 것을 헌신짝처럼 생각하여 그저 놓아 버리면 그만입니다.

적은 이익으로 부자가 되라

"이익을 분에 넘치게 바라지 말라.
이익이 분에 넘치면 어리석은 마음을 돕게 되나니
그래서 부처님께서 말씀하시되
'적은 이익으로써 부자가 되라' 하셨느니라."

요즘 사람들은 많은 돈 들여 투자를 합니다. 모르겠습니다. 투자하시는 분들은 어떻게 생각하실지 모르겠지만 제 생각은 그렇습니다. 투자도 하나의 요행을 바라는 것 아닌가요. 투자해서 큰돈을 벌었다면 그것 또한 자신이 미리부터 지어둔 과보를 투자라는 형식을 빌어 받는 것에 불과합니다. 물론 큰돈을 잃었다고 하더라도 자신의 업에 대한 과보를 받은 것이겠지요. 이렇게 이야기하면 '음. 투자해서 내 업이 얼마나 되나 시험해 보자.' 하며, 어차피 해도 안 해도 과보를 받는 거라면 그렇게 나쁠 게 없다고 생각할 수도 있습니다.

그러나 그렇게 쉽게 과보를 받게 되면 이익이 분에 넘치기 때문에 즉 자기 그릇보다 더 큰 이익을 받게 되기에 우리의 어리석은 마음만 돕게 되는 결과를 초래합니다. 허영이 커지고 요행을 바라는 마음만 커질 뿐입니다. 그렇게 번 돈은 어리석은 마음의 과보이므로 다시 고통을 받을 수밖에 없습니다. 도박은 말할 것도 없고 복권이나 경마 등 또한 요행을 바라고 이익을 분에 넘치게 바라는 현대인의 심리가 만들어낸 어리석은 우리네 산업사회의 일부입니다.

그릇이 커지면 과보는 그에 따라 크게 받게 마련입니다. 인연 따라 그렇게 받는 것이 세상 이치입니다. 자신의 그릇은 키우지 못한 채 많은 과보를 바란다면 주체하지 못하는 어리석음만 불러옵니다.

법성게에서는 우보익생만허공(雨寶益生滿虛空) 중생수기득이익(衆生隨器得利益)이라 하여 중생을 이익되게 하는 보배의 비 허공 가득 내려오면 중생들은 그릇 따라 제 이익 얻어간다고 이야기하고 있습니다. 우리를 이익되게 하는 보배의 비는 이 우주 법계의 진리, 부처님의 가르침을 말합니다. 그렇게 언제나 법계의 이치, 진리는 허공 가득하지만 우리네 중생들은 그릇 따라 그 이익을 얻어 가게 마련입니다. 그릇은 작은데 많은 것만 넣으려고 하면 주체하지 못하고 그릇을 넘는 만큼 어리석음만 쌓여간다는 말입니다.

문제는 많은 것을 바라려 하지 말고 그릇을 키워야 한다는 데에 있습니다. 그릇을 키운다는 것은 작은 눈앞의 이익에 얽매이지 말고 고요히 마음을 닦아 나가는 것을 의미합니다. 나 하나를 생각하기보다 '전체로서의 나'를 명상해야 합니다. '나 없음'의 도리를 올바로 깨우쳐야 합니다. 그래야 베풀 것도 없고 받을 것도 없는 가운데 무한히 베풀고 무한히 받고 그럴 수 있는 지혜가 나옵니다. '소욕지족(少欲知足)'이라 적은 것으로 만족할 줄 알아야 합니다. 그래야 진정으로 넉넉하고 풍요롭게 살 수 있습니다.

쌓음으로써 행복해지는 것이 아니라 비움으로써 행복해진다는 이치를 깨닫게 됩니다. 그래서 부처님께서는 적은 이익으로 부자가 되라 말씀하셨습니다. 우린 누구나 분에 넘치는 이익을 바랍니다. 그러나 누구나 자신의 그릇에 맞는 이익은 가지고 있게 마련입니다.

즉 누구나 지금 이 상태 그대로 행복할 수 있는 그만큼의 이익은 가지고 있게 마련입니다. 그런 줄 모르고 우리는 보다 많이, 보다 좋은 것을 바랍니다. 내 밖에서 보다 많은 것을 들여와야 행복할 줄로 착각하며 살고 있습니다. 참으로 어리석은 우리입니다. 참 반성할 일입니다.

법정 스님은 길상사 개원 법회에서 이런 말씀을 하셨습니다. "난 이 길상사가 가난한 절이 되었으면 좋겠다고 생각합니다. 풍요 속에 사는 사람은 병들기 쉽지만 가난은 우리에게 마음의 평화를 이루게 하고 올바른 정신을 지니게 합니다."

가난한 수행자만이 우주를 가질 수 있다고 그럽니다. 법계를 훔칠 수 있다고 말입니다.

억울함을 밝히려 하지 말라

"억울함을 당해서 밝히려고 하지 말라.
억울함을 밝히면 원망하는 마음을 돕게 되나니
그래서 부처님께서 말씀하시되
'억울함을 당하는 것으로 수행하는 문을 삼으라' 하셨느니라."

억울함을 당한다는 것은 크게 억울한 마음 때문에 생기는 원망심만을 의미하지는 않습니다. 살아가며 수많은 작고 미세한 원망심, 손해 본다는 생각, 피해의식, 억울함이 모든 것을 의미합니다. 이런 마음은 우리의 생활에서 하루에도 몇 번씩 일어나기 쉬운 마음입니다. 사실 억울한 마음, 원망심 때문에 인간관계가 원활하지 못하고 일상을 힘겹게 만드는 경우는 너무도 많습니다. 억울한 일을 당하고 나면 누구나 애서 그 억울함을 풀고자 합니다. 그러나 쉽게 억울함이 풀리지 않게 되는 경우가 많습니다. 그렇게 되면 우린 상대를 원망하고 나아가 변명을 하고 심지어 다투며 싸우고 그럽니다.

사실 억울하다는 마음은 '내가 옳다'는 아상의 마음이기에 그 아상을 놓기가 힘든 법입니다. 내 입장에서는 억울함이지만 상대의 입장에서는 그 또한 억울함이 될 수도 있는 노릇입니다. 그의 생각이 옳다고 생각할 수 있는 일입니다. 모두가 자신의 입장을 내세우기 때문입니다. 그렇게 한번 원망하는 마음을 품게 되면 그 과보는 세세생생을 거쳐 우리를 괴롭히게 됩니다.

윤회라는 것이 그렇습니다. 원망심을 품게 되면 그 원망심이 내 마음의 커다란 인(因)으로 자리잡게 되고 그 마음 놓지 못하고 꽉 붙들고 있기 때문에 언젠가 다시 그 원망의 상대를 만나게 됩니다. 그 상대가 가는 길을 따라 윤회하여 그 마음 고스란히 돌려 주려고 합니다. A라는 사람이 B라는 사람을 죽였습니다. 그러면 B라는 사람은 다음 생에 태어나 업식에 따라 A라는 사람과 원수지간의 인연을 맺고 그를 죽이게 됩니다. 그러면 A라는 사람은 또 B라는 사람에게 원망심을 품고 죽게 되고 그 다음 생 또 A를 죽이고자 혈안이 되어 버립니다. 그렇게 몇 생이고를 반복하게 됩니다. 그것이 윤회입니다.

그래서 윤회를 수레바퀴에 비유합니다. 똑같은 업보를 그대로 받으며 몇 생이고 돌고 돌기 때문입니다. 그러면 이 윤회의 수레바퀴에서 벗어나려면 어떻게 해야 할까요.

그 원망심을 끊어 버리는 것밖에는 달리 방법이 없습니다. 방하착해 버리는 것입니다. 그래야 다음 생에 원수지간으로 다시 만나지 않게 됩니다. 세상 모든 일은 단독으로 일어나지 않습니다. 상의상관으로 존재하기에 내 마음에서 원망심을 놓아 버리면 상대의 마음 또한 고스란히 맑게 녹아 내리게 마련입니다.

사실 부모자식간에나 부부지간에 이런 원망심의 사슬로 인연이 되어 만나는 경우는 참으로 많다고 합니다. 우리 주위에 사랑하던 사람이 결혼해서 서로를 괴롭히고 또 부모자식간이 지옥과도 같은 그런 일들은 흔히 있는 일입니다. 그 또한 전생의 인연 따라 온 경우가 많다고 합니다. 그렇기에 이혼한다고, 집 나간다고 해결되는 일이 결코 아닙니다. 그 원망심을 녹이고 풀어주어야 합니다. 집을 나가고 이혼한다고 인연의 사슬이 풀리는 것은 아닙니다. 인과의 사슬은 도무지 벗어날 수 없기 때문입니다. 이 세상 어느 곳으로 도망을 가더라도 동굴 속이나 무인도라도 인연의 사슬은 벗어날 수 없습니다.

억울한 마음 또한 그 인과의 통속입니다. 자기가 지은 인연을 모르니 억울하고 분한 것입니다. 자신이 부인을 괴롭힌 것은 생각 않고 이번 생 그 업식으로 따라온 부인이 나에게 못한다고 화를 내고, 이혼하자고 야단을 칩니다. 억울함을 풀고자 한다면 마땅히 그 마음을 놓아 버려야 합니다. 부처님 참 성품 자리에 밝게 놓고 녹여야 합니다. 원망심이 붙을 자리가 없을 때까지, 원망심을 풀고자 애를 쓰는 일은 인연을 거스르는 일이 될 수 있습니다.

예를 들어 보겠습니다. A라는 사람이 B라는 사람에게 10만원을 빌려 주었습니다. 그리고는 많은 시간이 흘러 B

는 그 사실을 잊어 버렸습니다. 그러나 A는 여전히 그 사실을 알고 있겠지요. 받은 사람은 금세 잊어도 준 사람은 잊지 못하게 마련이니까요.

A는 달라는 말도 못하고 화가 나고 원망심만 생겨 어떻게 받아낼까 고민을 한 끝에 필요한 곳에 쓰겠다며 B에게 돈을 빌려달라고 하였습니다. 물론 갚지 않으려는 생각이었겠지요. 그러나 B는 그 때 마침 5만 원밖에 없어 그것만을 빌려 주었습니다. 시간이 흐르고 흘러도 A는 돈을 갚을 기색이 없습니다. B의 마음엔 자꾸 화가 나고 원망심만 늘어갑니다. 5만원을 잃었다는 생각에 말은 못하고 속으로 끙끙 앓고 있습니다. 그러다 보니 A를 미워하게 되고 사이는 자꾸 멀어지게 됩니다.

그러나 자기 지은 인연을 바로 알고 나면 어떻습니까? 원망심은 어느덧 녹아버립니다. 오히려 늦게 갚은 것이 미안하고 아직 남아 있는 5만 원 때문에 더욱 미안하게 될 것입니다. 그렇듯 억울한 마음이 생겨났을 때 첫째는 자기 지은 인연을 바로 알아 지혜로써 풀어나가는 방법을 찾아야 할 것입니다. 그 원망심을 상대에게 돌리는 것이 아니라 내 자신에게로 돌려 내가 지은 인연을 명상해 보는 것 말입니다. 그러나 이렇듯 빨리 자기 인연을 알아 비워 버린다면 좋겠지만 자기 인연을 올바로 알기란 어려울 때가 많습니다.

특히 전생의 인연, 혹은 내가 기억 속에서 이미 지워버린 기억이라면 더욱 알기가 어렵게 마련입니다. 그래서 그 마음을 놓아라. 비워라 하는 것입니다. 위에서의 예에서처럼 원망하는 마음 또한 그 이면에는 그럴 만한 인연이 있게 마련이라는 것을 인정해야 합니다. 그렇지 않으면 그 원망심은 세세생생 서로를 죽고 죽이는 끊임없는 속박이 될 것입니다.

그래서 부처님께서는 말씀하셨습니다. "억울함을 당하는 그 경계를 수행의 문으로 삼으라." 억울함 그 자체를 받아들이고 내 안에서 녹여야 한다는 말입니다. 분풀이를 하고 밝히려고 애쓰지 않아도 밝힐 인연은 다 밝혀지게 마련이고 밝혀지지 않는다면 내가 지은 과보를 받는 일이 될 것입니다. 그렇다고 무조건 억울함을 풀지 말라는 말은 아닐 것입니다.

'내가 옳다'고 고집하는 마음 그 어리석은 마음이 일으킨 원망심을 놓으라는 것이지 무조건 바보가 되라는 말은 아닐 것입니다. 그 기준 또한 결국엔 '나다' '내가 옳다' 하는 이상에서 하는 일인가 아니면 전체를 위한 일인가가 될 것입니다. 나를 위해서가 아닌 전체를 위해서라면 용기와 지혜를 가지고 명철하게 밝혀야 할 것입니다. 그러나 그 또한 나와 상대가 둘이 아니라는 동체대비심이 바탕에 깔려 있어야 할 것입니다. 상대를 미워하거나 원망하지 않으며 밝혀야 한다는 말입니다. 미움은 또 다른 미움을 가져올 것이기 때문입니다.

역경을 통하여 부처를 이루라

"이와 같이 막히는 데서 통하는 것이요, 통함을 구하는 것이 도리어 막히는 것이니, 그래서 부처님께서는 저 장애 가운데서 보리도를 얻으셨느니라. 세상에 도를 배우는 사람들이 만일 먼저 역경에서 견디어 보지 못하면 장애가 부딪칠 때 능히 이겨내지 못해서 법왕의 큰 보배를 잃어버리게 되나니, 역경을 통하여 부처를 이룰지로다."

역경을 통하여 부처를 이루라. 이 거룩한 말씀은 늘 나의 마음을 흠뻑 적셔 줍니다. 나날이 행복하지만은 않은 일상을 도리어 더욱 값진 행복으로 되돌려 주는 말씀입니다. 우리는 나날이 행복하기만을 바라고 나아가는 일상이 늘 걸림 없이 뻥 뚫리길 바랍니다. 그러다가 장애가 올 때 불행을 경험하고 괴롭다는 마음을 일으킵니다. 장애가 바로 부처이며 괴로움의 경계가 바로 부처 되는 경계임을 알지 못합니다.

죽기 싫어하는 우리의 마음… 그러나 죽지 않는 영원한 삶을 준다고 하면 덥석 붙잡을 수 있을까요. 남들은 다 늙어 가는데 주위는 모두 변해 가는데 나만 죽지 않고 늙지 않고 늘 그대로 생생하다면 그 얼마나 무서운 이야기입니까? 친구들이며 사랑하는 여인이며 부모님, 모두가 늙어 가는데 홀로 젊음을 즐길 수 있을까요? 오히려 늙고 죽어 가는 모습이 부러울 것입니다. 늙어 가는 모습에서 아름다움을 느낄 것입니다.

이처럼 우리가 느끼는 괴로움은 사실 자연스런 인연의 흐름에 불과합니다. 이러한 자연스런 변화나 인연의 나타남을 '역경'이라 생각하는 그 마음이 바로 마장인 것입니다. 역경의 나타남 또한 미리 지어 둔 업식의 과보일 뿐입니다. 자신이 지어 둔 악한 행위에 대한 정당한 결과일 뿐입니다.

그렇기에 중생의 경계에서 '역경'은 괴로움의 대상이지만 수행자에게 '역경'은 다스릴 재료, 수행의 재료에 불과합니다. 지어 둔 업식을 닦을 수 있는 소중한 기회인 것입니다. 이렇듯 막힌다고 생각될 때가 가장 소중한 뚫릴 기회이며 잘 된다고 순경(順境)에 안주할 때가 가장 막히기 쉬울 때입니다. 그 마음 어떻게 쓰느냐에 따라 역경도 순경이 될 수 있으며 순경도 역경이 될 수 있습니다.

부처님 또한 생로병사(生老病死)라는 나고 늙고 병들고 죽는다는 인생의 역경이 없었다면 결코 깨달음을 얻을 수 없었을 것입니다. 마땅히 깨침을 구하고자 하는 수행자라면 역경을 두려워해서는 안 됩니다. 마장을 두려워해서는 안 됩니다. 역경이나 마장은 부처의 다른 모습일 뿐입니다. 역경과 나를 둘로 보지 않고 내 안에서 녹일 수 있어야 합니다. 당당히 떳떳이 맞설 수 있는 진정한 용기가 필요합니다. 역경을 미워할 필요도 없으며 가슴 아파하거나 괴로워할 필요도 없습니다. 나와 둘이 아니라는 동체대비심으로 사랑하는 가운데 당당히 맞서 싸울 수 있어야 하는 것입니다. 진심(瞋心)과 분심(忿心)으로 화를 내며 싸우는 것이 아니라 진정 사랑하기에 나무라는 부모의 마음처럼 그렇게 모든 분별심을 놓고 싸우는 것입니다.

역경을 견디어 보지 못한 사람은 즐거운 경계가 오더라도 바로 맞아들일 수 없습니다. 역경과 순경은 그 뿌리가 하나이기에 역경을 잘 받아들일 수 있는 자만이 순경을 받아들일 수 있습니다. 또한 역경을 견디어 보지 못하면 더 큰 장애가 왔을 때 결코 이겨낼 수 없습니다. 역경을 이겨낸다는 것은 내면의 힘과 수행력을 키워간다는 것을 의미합니다.

역경을 맞이하는 것이야말로 진정한 수행입니다. 절하고 염불하고 독경하는 것이 소극적 수행이라면 역경과 순경을 맞이하는 것이야말로 진정한 수행이며 적극적 수행이요, 생활 속의 수행인 것입니다. 일을 하는 중에, 수행을 하는 중에 장애가 온다면 마땅히 수행으로 돌릴 일입니다. 밖에서 오는 일체의 모든 경계 또한 실제로는 내 안에서 오는 경계이기에 나를 닦을 일이지 경계나 장애 탓으로 돌릴 일이 아닙니다. 역경과 장애를 능히 이겨내면 법왕의 큰 보배를 얻게 되나니 역경을 통하여 부처를 이룰지로다.

　이상에서 설명한 보왕삼매론의 10가지는 일상에서의 온갖 장애와 역경을 닦을 수 있는 참 좋은 수행문입니다. 늘 가까이 지녀 읽고 외고 실천해야 할 것입니다.

사이버 생활수행 도량 목탁소리닷컴
사이버 수행 모임 소개

  책머리글에서도 잠시 언급했던 것처럼 사이버 수행 모임은 인터넷 온라인을 통해 만나고 함께 수행하고 자신의 수행을 나누며, 오프라인 상에서의 '밝은 모임'이라는 법회와 나눔의 장을 통해 자신을 돌아보고 수행을 점검하는 그런 온오프라인의 수행 모임입니다. 사이버 수행 모임에서는 강요를 하거나 그 어떤 작의(作意)를 짓지 않으며, 오직 모든 이들을 향해 마음을 활짝 열어 함께 공부할 수 있는 장을 열어 두고 있으므로 인연 닿는 이들은 언제라도 함께 하실 수 있는 모임입니다. 회장이 있다거나 임원이 있는 것도 아닌, 법우들 모두가 주인이고 법우들 모두가 스스로 스승이고 제자이기도 한 참 도반, 생활 수행인들의 밝은 모임입니다. 지도법사가 있다고는 하지만 법사 또한 함께 수행하고 정진하는 법우님들과 똑같은 한 명의 수행 도반입니다.

  사이버 생활 수행 도량 목탁소리는 생활 속 자신의 일터에서 일하며 수행하며 일상을 맑고 향기롭게 살아가고자 하는 '생활 수행자'들을 위한 열린 마음 공부의 도량입니다. 목탁소리는 일방적 자료 제공만 하는 도량이 아닙니다. 법우님들 서로가 생활 속에서 실천한 수행을 나누는 수행일기와 쌍방향 마음 나누기 등을 통해 철저한 '실천'과 '나눔'을 바탕으로 하는 포근한 실천도량입니다. 힘겨운 일이 있을 때 함께 나누고 함께 이겨낼 수 있도록 서로에게 힘을 주는 그런 참된 수행자들의 밝은 도량입니다.

목탁소리 법우님들은 함께 깨침을 찾아 여행하는 탐험대원들입니다. 매주 목탁소리에서 업데이트되는 내용은 깨침으로의 여행에 작은 나침반이 되어 줄 것입니다. 나침반이 나아갈 길은 제시하여 주지만 더 중요한 것은 탐험대원들의 깨침을 향한 열정과 서로간의 믿음이며 마음 나눔들, 그런 도반의 향기가 더욱 법우님의 깨침 여행에 큰 힘이 될 것입니다. 바로 그런 도반들의 실천과 나눔의 밝고 포근한 이야기를 통해 서로가 서로에게 스승이 되고 제자가 되며 또한 밝은 도반이 되어 줄 것입니다.

목탁소리의 수행은 크게 두 가지로 이루어 집니다. 자신의 집과 일터에서 스스로 닦아 가는 '하루 일과수행'과 3·7일(3주) 동안 모든 법우가 '생활 수행문'이란 공동의 생활 화두를 가지고 함께 닦아가는 '3·7일 밝은 수행'이 그것입니다. 모든 수행의 기본이 되는 수행법은 '방하착 염불 수행'입니다. 그러나 이 것 또한 굳이 붙인 하나의 이름일 뿐입니다. 수행에 있어 가장 핵심이 되는 방하착

(放下着)이란 수행을 가지고 일체의 모든 안팎의 착심(着心)으로부터 벗어나고자 하는, 집착을 텅 비우고 놓아버리려는 일종의 공(空)의 수행이며, 연기(緣起)의 수행이고, 『금강경』에서 말하는 '범소유상 개시허망(凡所有相 皆是虛妄)'을 바로 정견(正見)하여 '응무소주 이생기심(應無所住 而生其心)'을 실천하는 수행인 것입니다. '방하착 염불수행'이란 텅 비우기 위해 '방하착' '방하착' 하려고 해도 되지 않으니 구체적으로 '염불'을 통해 방하착 수행을 일깨우는 일미(一味)의 방편인 것입니다. 안팎으로 다가오는 갖가지 종류의 경계를 명확히 관(觀)하고 그 경계에 대고 '관세음보살 관세음보살…' 끊임없이 일심으로 염불하는 것입니다. 자세한 가르침은 본문에 있기에 생략하도록 하겠습니다.

먼저 '하루 일과수행'이란 이른 아침 눈을 뜨고 일어난 첫 새벽과 하루 일과 중, 그리고 잠들기 직전의 3부분으로 나누어 어떻게 수행할 것인가 하는 데 대한 수행법입니다. 이른 아침 108배 절수행과 하루 중 끊임없는 자기 관찰, 그리고 방하착 염불 수행으로 '관세음보살' 염불을 3,000독 이상 해 나가는 것이며, 잠들기 직전 금강경을 독경하고 잠자리에 누워 잠들 때까지 염불하며 잠이 드는 것입니다. 물론 이것은 정형화되고 고정된 틀은 분명 아닙니다. 다만 그저 수행, 수행 하니 마음만 앞서지 실천이 되지 않았기에 계속되던 '밝은 모임'과 수행결사를 이어오며 나름대로 정리하여 함께 수행하기 위해 그렇게 틀을

갖춘 것일 뿐입니다. 그렇기에 자신의 근기에 따라 아침에 108배가 힘들면 54배도 좋고 21배며 그도 아니면 3배만을 지극한 마음으로 드려도 좋은 것입니다. 방하착 염불 수행이며 금강경 독경 또한 자신의 근기에 따라 스스로 3·7일 기도 시작 전에 세워 보는 것입니다. 방하착 염불 수행 하루 1,000독도 좋고 금강경이 어려우면 반야심경 7독 혹은 3독도 좋습니다.

처음에는 조금 쉽게 시작하다가 정진력이 붙으면 좀 더 정진할 수 있을 것입니다. 중요한 것은 하루 일과 가운데 수행심을 놓치지 않을 수 있어야 한다는 것입니다. 그리고는 하루 가운데 일정한 때를 정해 사이버 도량에 들어와 자신의 하루 일과수행에 대한 나름대로의 '수행일기'를 쓰고 다른 법우님들의 수행일기도 함께 보며 자신을 경책해 나가는 것입니다. 행여 일과수행 가운데 힘겹고 어려운 경계가 있었다면 모두에게 질문을 하고 모두 함께 답변을 하며 힘을 낼 수 있을 것입니다.

그리고 '3·7일 밝은 수행'이란 3·7일 동안의 정기적인 기도주기에 맞춰 도반들이 함께 수행해 나가는 공동의 수행인 것입니다. 매번 3·7일 기도를 시작하는 월요일에 '생활 수행문'이라는 공동의 생활 화두가 주어집니다. 일종의 3·7일간 실천하고 명상할 수행재료인 셈입니다. 그것을 재료삼아 생활 속에서 스스로 명상하고 실천해 보는 것입니다. 그리고는 3·7일 회향날 일요일에 모두가 함께 오프라인상의 절에 모여 '밝은 모임'을 가지는 것입니다.

밝은 모임에서는 법회와 대중공양 그리고 마음 나누기의 순서로 진행이 됩니다. 특히 마음 나누기의 장에서는 모두가 함께 지난 3·7일간의 자신의 수행을 되돌아보고 함께 수행과 마음을 나눌 수 있는 열린 나눔의 장입니다. 이때에 법우님들 스스로는 다른 법우님들의 수행과 마음 이야기를 함께 경청하며 자신을 경책하고 되돌아 볼 수 있는 좋은 마음 비춤의 장을 가질 수 있을 것입니다.

이와 같이 모든 도반이 함께 어우러져 실천해 나가는 모임입니다. 너무 번잡하게 이야기한 감이 있지만 사실 모임에서나 사이버 상에 오면 참으로 단아합니다. 또한 모두가 '수행'이라는 공동의 주제에 마음을 쓰다보니 '따뜻함'과 법우들 사이의 '정(情)'이 충만합니다. 그리 번잡하고 고집하지 않으니 오고감이 자유롭습니다. 어떤 단체의 성격이 아니다 보니 회원이라든가 회비라든가 꼭 참석해야 한다거나 하는 걸림을 만들어 두지 않습니다. 그저 마음 날 때 한 번 와서 마음을 닦아갈 수 있는 단아하고 맑은 도량이 되길 바라는 마음에서입니다. 그래서 법사가 따로이 준비할 것도 없습니다. 다만 있는 그대로 와서 있는 그대로를 보여주고 있는 그대로를 담아 갈 수 있으면 그것으로 족합니다.

많은 법우님들이 오길 바라지도 않으며 또한 너무 많은 법우님들이 오신다고 분별심 낼 필요도 없습니다. 거추장스럽게 일을 만들고자 함도 아니고 다만 그때 그때 만들어 지는 일과 만들어지는 포교, 수행을 자연스럽게 해 나갈 뿐입니다. 다만 인연따라 그 때 그 때 마음 일으킨 대로 할 뿐입니다. 그렇게 오직 '할 뿐' 입니다. 그렇게 마음을 내며 살려고 합니다. 그렇더라도 여여함이 자주 자주 흐트러지고 마음이 나태해 질 때가 많습니다. 그것이 두터운 업식(業識)으로 사는 우리네 중생심인가 봅니다. 그렇지만 함께하는 도반이 있기에 다시금 다잡을 수 있습니다. 그것이 이 도량의 가장 큰 장점이 아닌가 합니다. 경책해 주는 도반이 있다는 것은 언제 생각해도 참으로 흐뭇한 일입니다. 이렇듯 함께 같은 길을 걷고 있는 도반들이 있는 밝은 수행자들의 도량으로 가꾸고자 이렇게 오늘도 노력합니다.

  법신 편만하여 어느 한 곳 아니 계신 곳 없으신 비로자나 부처님께 지심으로 귀의합니다.

사이버 생활 수행 도량 목탁소리
http://moktaksori.com
사이버 스님 아난 합장